La vida del Agua

El recurso natural más importante de la Tierra

Autoría y asesoría:
Asesoría principal Derek Harvey
Autoría sobre plantas y animales Steve Setford,
Anita Ganeri y Lizzie Munsey
Asesoría y autoría sobre prehistoria Emily Keeble
Autoría de biología Emily Dodd
Asesoría y autoría del espacio Sophie Allan
Asesoría y autoría de tecnología y humanos Clive Gifford
Asesoría sobre la Tierra Anthea Lacchia
Autoría de la Tierrra y el clima Anita Ganeri,
Steve Setford, John Farndon y Lizzie Munsey
Asesoría sobre el clima John Farndon

Ilustración Sam Falconer

Edición sénior Carrie Love
Diseño Charlotte Milner

Edición adicional Marie Greenwood, Jolyon Goddard
Diseño adicional Rachael Hare, Robert Perry, Karen Hood
y Claire Patane
Diseño de maquetación Sachin Gupta
Documentación iconográfica Rituraj Singh y Vagisha Pushp
Edición ejecutiva Penny Smith
Edición ejecutiva de arte Mabel Chan
Preproducción Robert Dunn
Producción John Casey
Dirección editorial Sarah Larter

Edición en español
Coordinación editorial Cristina Gómez de las Cortinas
Asistencia editorial y producción Malwina Zagawa

Servicios editoriales Tinta Simpàtica
Traducción Anna Nualart Torroja

Publicado originalmente en Gran Bretaña en 2021
por Dorling Kindersley Limited
DK, One Embassy Gardens, 8 Viaduct Gardens,
London, SW11 7BW
Parte de Penguin Random House

Impreso y encuadernado en China

Para mentes curiosas

www.dkespañol.com

MIXTO
Papel procedente de
fuentes responsables
FSC™ C018179

Este libro se ha impreso con papel
certificado por el Forest Stewardship
Council ™ como parte del compromiso
de DK por un futuro sostenible.
Para más información, visita
www.dk.com/our-green-pledge

La vida del Agua

El recurso natural más importante de la Tierra

Contenidos

La vida en el agua

El agua y el hombre

¿Qué es *el agua*?

El agua, que no tiene color, sabor ni olor, podría parecer un poco aburrida. Pero en realidad es una sustancia natural asombrosa que hace que nuestro planeta sea especial. Sin el agua, no habría vida en la Tierra.

La mayor parte del agua de la Tierra es líquida, pero a 100 °C se convierte en un gas invisible llamado vapor de agua, y por debajo de 0 °C, en hielo, que es sólido. Las partes más pequeñas del agua se llaman moléculas. Las fuerzas de atracción que hay entre las moléculas de agua logran que estas se mantengan juntas y formen charcos, lagos y océanos, al tiempo que permiten que el agua pueda fluir fácilmente.

Las moléculas de agua también son atraídas por muchos otros materiales. Por eso el agua disuelve tantas cosas: las separa para que se mezclen con ella. Cuando fluye a través del suelo o de las plantas y los animales, el agua lleva disueltos minerales, nutrientes y otras sustancias químicas imprescindibles para la vida.

Además de hacer posible la vida en la Tierra, el agua modela el paisaje y las costas mediante la acción de la lluvia, los ríos, los glaciares y el oleaje de los mares.

El agua da vida y modela el planeta.
¡Es realmente asombrosa!

Hielo flotante

El hielo flota en el agua porque es más ligero. Esto es importante para la vida acuática. Al formarse hielo en la superficie, el agua de debajo —y todo lo que vive en ella— queda protegida del aire frío de arriba y no se congela.

Si este estanque se congelara, los animales y las plantas morirían.

Moléculas de agua

Las moléculas de agua están formadas por pequeñas piezas de materia llamadas átomos. En cada una, dos átomos de hidrógeno se unen con un solo átomo de oxígeno por fuerzas llamadas enlaces.

Algunas criaturas pequeñas y ligeras pueden caminar sobre los estanques sin romper la «piel» del agua.

Piel superficial

Cuando las moléculas de la superficie del agua tiran unas de otras, provocan que el agua se comporte como si tuviera una fina «piel». Esto se llama tensión superficial.

La tensión superficial hace que el agua forme gotas redondas.

Una corriente continua de agua viaja por tubos muy finos en el interior de las plantas.

Modelar el paisaje

El agua puede romper las rocas en partículas y arrastrarlas. El Gran Cañón, en Arizona (Estados Unidos), fue excavado por las aguas del río Colorado durante millones de años.

El Gran Cañón tiene 1800 m de profundidad y 29 km de ancho.

Agua viscosa

La viscosidad de las moléculas de agua es la razón por la que el agua moja. Es también lo que mantiene la corriente de agua ascendente dentro del tallo de una planta. El agua sube sin parar en columnas, desde las raíces hasta las hojas, incluso cuando la planta es un árbol imponente.

Algunas sustancias, como el aceite, repelen el agua. La capa grasa de las plumas de las aves acuáticas, como este alcatraz, mantiene secas sus plumas.

El agua de la Tierra

Casi toda el agua de la Tierra es salada. La pequeña cantidad de agua dulce que hay es principalmente hielo congelado que se oculta bajo tierra. Solo hay una cantidad pequeña de agua dulce líquida en la superficie del planeta.

Agua atmosférica

Hay agua en el aire. Está en forma de vapor de agua, invisible, y de las minúsculas gotas de agua líquida que constituyen las nubes.

Agua subterránea

Casi un tercio del agua dulce de la Tierra se filtra bajo la superficie. Se trata de las aguas subterráneas, que en su mayoría empapan los pequeños agujeros de las rocas.

Agua salada

Aunque la mayor parte del agua salada está en los mares y océanos, también se encuentra en algunos lagos, e incluso hay reservas de agua salada en el subsuelo.

Agua dulce

Los ríos, lagos, pantanos y marismas son fuentes vitales de agua para muchos seres vivos. El agua dulce que consumimos procede en gran medida de ríos y lagos.

Hielo

Casi dos tercios de toda el agua dulce de la Tierra están congelados en la superficie en glaciares, capas de hielo o nieve. Parte de ella es permafrost, es decir, agua que está congelada en el suelo.

Suelo

Existe aproximadamente la misma cantidad de agua retenida entre las partículas del suelo que en el aire. Las plantas necesitan el agua del suelo para sobrevivir.

Agua en los seres vivos

Los seres vivos son, principalmente, agua, pero su proporción en el cuerpo varía en cada caso. Mientras que el agua es algo más de la mitad del cuerpo humano, las medusas son casi exclusivamente agua.

Una medusa está compuesta por un 95 % de agua, pero el agua constituye solo el 50-60 % de una persona adulta.

Agua en el espacio

La Tierra es el único planeta del sistema solar que tiene masas de agua líquida en su superficie, pero hay hielo en Marte y en las lunas de algunos planetas. También hay trozos de hielo y polvo, llamados cometas, que viajan por el sistema solar. Se están descubriendo nuevos planetas, en galaxias lejanas, que podrían tener agua.

Marte tiene casquetes polares, pero en su superficie no hay agua líquida permanente.

¿Dónde está el agua?

Desde el espacio, la Tierra se ve azul por los mares, océanos, lagos y ríos. El agua cubre unas tres cuartas partes de nuestro planeta, pero no toda el agua de la Tierra está en la superficie: también hay agua en el aire, en el suelo y en los seres vivos, incluidos nosotros.

Si pudieras ponerla toda junta, el agua de la Tierra formaría una bola de 1385 km de diámetro.

¿Por qué el mar es salado?

Hace miles de millones de años, el agua disolvió la sal de las rocas de la joven Tierra y por eso los océanos son salados. Los organismos marinos absorben sal y parte de la sal oceánica se deposita en el fondo marino. Esta es reemplazada por más sal que se disuelve de las rocas de la tierra y es arrastrada a los océanos.

Los ríos llevan sal disuelta al mar, lo que aumenta la salinidad del océano.

Al evaporarse el agua del mar, pierde la sal que tenía disuelta. Por eso el agua de la lluvia es dulce.

El *agua* y sus *ciclos*

Un ciclo es una serie de acontecimientos que se repiten, como la salida y la puesta del Sol o el paso de las estaciones. El agua participa en muchos ciclos y está siempre en movimiento, por lo que pasa por muchas partes del planeta de diferentes maneras y en distintas formas.

El agua cotidiana

El agua que utilizamos en nuestra vida cotidiana procede del ciclo del agua (ver a la derecha). Se extrae de ríos y lagos o del subsuelo. Luego se depura y se bombea hasta nuestros hogares. Una vez que la hemos utilizado, se devuelve a los ríos o al mar.

Para no perjudicar el medio ambiente, las aguas residuales se depuran antes de devolverlas al ciclo del agua.

A través de la vida

El agua participa en los procesos químicos fundamentales que tienen lugar en el interior de los seres vivos. Los organismos toman agua de su entorno, que pasa a través de ellos y termina expulsada con sus residuos.

Los animales deben beber a menudo para reponer el agua que pierden al respirar y hacer caca y pis.

La cantidad de agua de la Tierra no cambia nunca, sino que se reutiliza una y otra vez.

2 El agua de la superficie del mar se evapora: se convierte en vapor de agua que pasa al aire.

El ciclo vital de la anguila europea transcurre en parte en agua salada y en parte en agua dulce.

Los anfibios tienen ciclos vitales que alternan entre el agua y la tierra.

1 El Sol calienta el mar

Ciclos vitales en el agua

Los hábitats acuáticos, como los ríos, las marismas, las costas, los arrecifes de coral y el océano abierto, ofrecen lugares donde los organismos viven y prosperan. El patrón de nacer, crecer, reproducirse y morir se conoce como ciclo vital.

En el vapor de agua, las moléculas se mueven con libertad, y por eso el gas se expande.

Vapor de agua

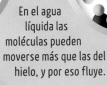

Agua líquida

Hielo

En el agua líquida las moléculas pueden moverse más que las del hielo, y por eso fluye.

Las moléculas de agua del hielo se mantienen muy unidas y no pueden moverse, y por eso el hielo mantiene una forma fija.

El ciclo del agua

El agua del mundo circula sin parar entre el mar, la atmósfera y la tierra. Este proceso, denominado ciclo del agua, está alimentado por la energía del Sol. Al circular el agua cambia con frecuencia de estado entre líquida, sólida y gaseosa, según si gana o pierde calor.

5 Las gotas de agua de las nubes pueden congelarse en cristales de hielo llamados copos de nieve.

6 La nieve se acumula y forma ríos de hielo o glaciares.

3 El vapor de agua se enfría y se condensa en las pequeñas gotas que forman las nubes. Las gotas de agua se acumulan en las nubes hasta que acaban cayendo en forma de lluvia.

4 Las plantas absorben agua con sus raíces y liberan vapor de agua por sus hojas.

7 El hielo de los glaciares vuelve a fundirse en agua.

8 Los ríos llevan el agua de la lluvia y de la nieve y el hielo derretidos de vuelta al mar.

9 Parte del agua llega al mar atravesando las rocas del subsuelo.

El agua en la Tierra

El agua fluye constantemente por nuestro increíble planeta. Cae del cielo, se precipita por las montañas y fluye por mares y océanos, y no deja nunca de circular en un ciclo global. El agua nos trae diferentes tipos de clima y una gran variedad de hábitats. Altera las costas, excava cuevas y modifica los paisajes.

La *fuerza* del *agua*

El agua está por toda la naturaleza. Tiene la capacidad de excavar paisajes y modificar las costas. Forma arroyos que fluyen suavemente y cascadas que se precipitan con fuerza. El agua determina si un lugar será seco y estará vacío o si será verde, exuberante y estará lleno de vida.

Los ciclones tropicales llevan fuertes lluvias y vientos.

Algunas montañas y árboles están cubiertos de nieve todo el año; en otros lugares, solo durante algunos meses.

La meteorología

El tiempo es el estado de la atmósfera en un lugar y momento determinados. El agua tiene un papel clave en las condiciones meteorológicas. El tiempo húmedo se debe a las precipitaciones: llovizna, lluvia, aguanieve, nieve o granizo. Si hace calor y hay humedad en el exterior es porque hay más agua en la atmósfera. Los distintos tipos de tiempo afectan al clima de determinadas zonas de la Tierra.

Las grandes piedras de granizo caen con tanta fuerza que pueden dañar los edificios.

El arcoíris se forma cuando la luz brilla a través de las gotas de agua que quedan en el cielo cuando ha dejado de llover.

Las inundaciones causadas por fuertes lluvias pueden provocar el caos. Debido al cambio climático, son cada vez más frecuentes.

Costas en peligro

Las tierras bajas y las costas están amenazadas por la subida del nivel del mar a causa del cambio climático. Un clima más cálido derrite el hielo de los glaciares y los casquetes polares y hace que el agua del océano se expanda. Más de 600 millones de personas viven en zonas costeras a menos de 10 m sobre el nivel del mar.

Enormes icebergs, como este de la Antártida, son el hogar de animales que viven en el hielo.

La Máquina de Arena en los Países Bajos es un depósito de arena artificial a lo largo de la costa, construido para proteger del mar las tierras bajas.

El agua y la vida

Toda la vida depende del agua. La mayoría de los animales y las plantas contienen mucha agua, y los bosques prosperan donde la lluvia les ayuda a crecer. Miles de millones de criaturas viven en el agua, en océanos, ríos y lagos. Y muchas, como las ranas, pasan gran parte de su vida en el agua, además de en la tierra. Algunos microbios pueden vivir en el hielo de las regiones polares.

La vegetación depende de las frecuentes lluvias y de las condiciones de humedad.

Las cataratas del Niágara están en la frontera entre Canadá y Estados Unidos. Cada minuto cae por ellas una cantidad de agua equivalente a unas 70 piscinas olímpicas.

Paisajes cambiantes

El agua tiene el poder de modelar la naturaleza. Puede ser muy rápido, como cuando las lluvias causan inundaciones, o puede ser muy lento, como en la erosión de la tierra. El agua tarda muchos años en erosionar las rocas y formar cuevas. Las cascadas también se forman con el tiempo, creadas por la gran fuerza del agua del río, que desgasta las rocas blandas.

El agua crea formaciones rocosas inusuales, como las estalactitas, que se encuentran en las cuevas, como esta de Nuevo México.

15

Océanos en *transformación*

Con el paso del tiempo, los océanos han cambiado mucho. Al desplazarse los continentes, los océanos se ensancharon o se encogieron. Los cambios en el nivel del mar inundaron unas tierras y permitieron comunicar otras. Los cambios en los océanos han marcado la evolución de la vida en la Tierra.

Tierra bola de nieve

La edad de hielo más dramática de la historia pudo haber convertido los océanos en hielo, reduciendo drásticamente el nivel del mar. Los científicos llaman a esto la hipótesis de la Tierra bola de nieve.

Algunos científicos creen que parte del agua de la Tierra puede proceder de asteroides.

Oxigenación

Las capas de hierro oxidado (formaciones de hierro en bandas) muestran cuándo la Tierra empezó a ser rica en oxígeno. Este lo producían las primeras formas de vida a través de la fotosíntesis.

Formación de la Tierra

Primeros océanos

Durante mucho tiempo, la joven Tierra era demasiado caliente para que el agua líquida pudiera existir en su superficie. Al enfriarse, las cuencas oceánicas empezaron a llenarse del agua que había quedado encerrada en las rocas que formaron el planeta. Estos océanos permitieron el inicio de la vida.

Hoy, alrededor del 1,7 % del agua de la Tierra se encuentra en los casquetes polares y los glaciares.

4,54 MMA

4,4 MMA

3,5 MMA

700 MA

MMA = miles de millones de años atrás
MA = millones de años atrás

16

230
MA

100
MA

66
MA

Un clima muy cálido

En algunas épocas, la temperatura global aumentó tanto que no había casquetes de hielo en los polos y el nivel del mar subió. En el período Cretácico, aunque los continentes estaban cerca de su posición actual, gran parte de la Tierra estaba cubierta por el océano, como la vía marítima interior occidental de Norteamérica.

Superocéanos

En algunas épocas, cuando los continentes estaban unidos en un supercontinente, solo había un océano. El superocéano más reciente era el océano Pantalásico y rodeaba al supercontinente Pangea.

En las rocas de las Grandes Llanuras de Norteamérica se encuentran fósiles de tiburones, plesiosaurios y ammonites.

Continentes separados

Con el movimiento de las placas tectónicas, los continentes se separaron hasta que empezaron a parecerse a los actuales.

Nubes

Todas las nubes —desde las blancas y ligeras de lo alto del cielo hasta las oscuras nubes de lluvia— están formadas por pequeñas gotas de agua o cristales de hielo. Las nubes se ven porque las gotas o los cristales reflejan la luz del Sol. Sigue el ciclo de vida de una espectacular nube de tormenta, o cumulonimbo.

Formación de una nube

Una nube se desarrolla al formarse millones y millones de gotas de agua o cristales de hielo. A medida que el aire caliente sube y se condensa más agua, la nube se vuelve más alta y ancha. Este tipo de nube se llama cúmulo.

Enfriamiento

Al subir, el vapor de agua se expande, se enfría y se condensa en el polvo del aire. Esto provoca que el vapor se convierta en pequeñas gotas o cristales de hielo.

Gotas de agua

Calentamiento

El Sol calienta el agua del mar o los lagos, del suelo y las plantas. Esta se evapora y se convierte en vapor de agua. El aire caliente y húmedo se eleva hacia el aire más frío.

Al calentar el Sol el mar o la tierra, se evapora más agua.

Rayos y relámpagos Las corrientes de aire de la nube de tormenta provocan que las gotas y cristales se golpeen y se cree electricidad estática. Esta puede saltar entre dos nubes como un relámpago o caer en forma de rayo.

Niebla Pensamos que las nubes están en el cielo, pero también pueden formarse a nivel del suelo. Cuando esto ocurre, se llama niebla. Esta imagen muestra la formación de la niebla en un valle montañoso.

Nube madura

Cuando gran cantidad de aire caliente se eleva a la vez, el cúmulo crece. Alcanza gran altura y se convierte en un cumulonimbo. En esta nube gigante, las gotas de agua y los cristales de hielo se mueven hacia arriba y hacia abajo debido a las fuertes corrientes de aire. La lluvia cae cuando las gotas de agua crecen tanto que ya no pueden mantenerse en el aire.

Gotas de lluvia

Gotas de agua

Las gotas de agua se unen y forman gotas de lluvia.

Algunos cristales de hielo se funden y se convierten en pequeñas gotas de agua.

Grandes gotas de lluvia

Cristales de hielo

Las gotas crecen hasta que pesan tanto que caen de la nube.

Las gotas de lluvia grandes suelen romperse en gotas más pequeñas al caer.

Lluvia que cae sobre la tierra

La nube desaparece

Finalmente, el aire caliente deja de subir a la nube, o la nube se mezcla con el aire seco y cálido que la rodea. En esta fase ya no puede condensarse más vapor de agua. La nube se encoge y desaparece.

Ver también
Conoce los distintos tipos de nubes (20-21) y descubre cómo se forman.

La lluvia cae al suelo.

Nubes en el espacio ¡También hay nubes en otros planetas! A diferencia de las nubes de la Tierra, sin embargo, estas no están formadas por gotas de agua, sino por gases y polvo, como las frías nubes que se arremolinan alrededor de Júpiter.

Tipos de nubes

Hay tres tipos principales de nubes. Sus nombres en latín describen su forma: cirros (difusos), cúmulos (amontonados) y estratos (en forma de lámina). Añadiendo palabras a estos nombres, podemos describir otros tipos de nubes. Por ejemplo, estratocúmulo significa «láminas de nubes amontonadas». Algunas nubes se forman a gran altura y otras mucho más cerca del suelo.

El agua que cae a la Tierra desde el cielo se llama **precipitación**. Puede ser agua líquida **(lluvia)** o helada, en forma de **nieve**.

Cirrocúmulos Estas nubes pequeñas y esponjosas se forman a veces al romperse los cirrostratos.

Cirros Los cirros, finos y de aspecto ligero, se componen de cristales de hielo. Se forman a gran altura.

Nivel alto

Cirrostratos Estas nubes finas y planas hacen que el cielo parezca gris y nublado. Son señal de que podría llover en un par de días.

Cumulonimbos Estas nubes enormes y altas se extienden desde el nivel bajo hasta el alto. Pueden provocar tormentas eléctricas con fuertes lluvias, granizo y rayos.

Altocúmulos Son pequeñas nubes blancas e hinchadas.

Altostratos Estas finas láminas de nubes hacen que el cielo esté gris oscuro, lo que suele ser señal de que se avecina la lluvia.

Nivel medio

Estratocúmulos Estas nubes bajas, hinchadas y grises pueden producir un poco de lluvia y convertirse en nimbostratos.

Nimbostratos Gruesas, oscuras y grises, los nimbostratos suelen traer horas de lluvia o nieve.

Estratos Las láminas estratos suelen cubrir gran parte del cielo. Pueden ser blancas o grises y pueden producir lluvias ligeras o lloviznas.

Cúmulos Los cúmulos blancos y esponjosos suelen formarse con tiempo cálido, cuando el aire caliente se eleva hacia el cielo más frío. Pueden convertirse en cumulonimbos.

Nivel bajo

Ciclones tropicales

Estos violentos remolinos cubren grandes distancias y van acompañados de vientos fortísimos, lluvias torrenciales e inundaciones en las costas. El ciclo de vida de un ciclón tropical suele durar unos nueve días. Según la zona del mundo donde se produzcan, estas espectaculares tormentas se conocen como ciclones, huracanes o tifones.

Las tormentas eléctricas se forman cuando el aire cálido y húmedo sube a la atmósfera y luego se enfría para formar nubes.

Tormentas eléctricas

Los ciclones tropicales comienzan con un grupo de tormentas eléctricas. Las tormentas suelen crecer sobre mares tropicales cálidos al norte y al sur del ecuador. Esta primera etapa de un ciclón se denomina perturbación tropical.

Declive

Al desplazarse sobre el mar más frío o sobre la tierra, comienza a perder energía. Los vientos disminuyen. Con el tiempo, se debilita hasta ser una tormenta tropical y termina por desaparecer.

Toca tierra

Los ciclones tropicales comienzan en el mar. Se desplazan por el agua y a veces tocan tierra. Bajo el ciclón, el nivel del mar puede subir hasta 6 m. Esta subida repentina se denomina marea de tempestad y, junto con las enormes olas creadas por el viento, provoca inundaciones en la costa. Los fuertes vientos y las lluvias torrenciales también dañan los edificios.

Los edificios quedan inundados por el agua del mar y son azotados por el viento.

Rotación

Más aire entra para reemplazar el aire húmedo que sube. Esto arrastra el aire hacia la base de la tormenta y genera fuertes vientos. Con la rotación de la Tierra, los vientos se arremolinan y la tormenta empieza a girar.

Las tormentas giran en el sentido de las agujas del reloj en el hemisferio sur y en el sentido contrario en el norte.

El centro sin nubes del huracán se llama ojo, y los vientos más fuertes lo rodean.

El aire cálido sigue subiendo hacia las bandas de nubes.

El aire más frío desciende por los huecos entre las bandas de nubes.

Ver también
Conoce los tipos de nubes (20-21) y cómo estas se forman (18-19).

Auténtico ciclón

A medida que se desplaza sobre el mar cálido que tiene debajo, la tormenta va ganando intensidad. Cuando sus vientos superan los 63 km/h, la tormenta se convierte oficialmente en tormenta tropical. Sigue creciendo y sus vientos se vuelven más fuertes. Cuando los vientos alcanzan los 119 km/h, la tormenta pasa a ser oficialmente un ciclón tropical.

Escalas de valoración
La fuerza de un ciclón tropical se muestra en una escala. Se utilizan escalas diferentes en cada zona del mundo. La escala Saffir-Simpson es la que se utiliza en el océano Atlántico y en algunas zonas del Pacífico.

Tifón Tip
Este ciclón de 1979 es el ciclón tropical mayor y más potente jamás visto, con una anchura de 2220 km.

Cazadores de huracanes
Aviones de investigación van hacia los ciclones tropicales para recoger datos sobre la presión atmosférica y el viento. No suele ser un viaje plácido...

Copos de nieve

La nieve cae de las nubes, igual que la lluvia, la aguanieve y el granizo. Está formada por pequeños cristales llamados copos de nieve que caen al suelo en forma de nieve blanca y esponjosa. Cada copo de nieve contiene unos 50 cristales de hielo. No hay dos copos de nieve iguales.

Una mota de polvo

Un copo de nieve comienza su vida como una diminuta mota de polvo dentro de una nube. El vapor de agua se adhiere al polvo y se forma una gota de agua.

Los cristales crecen

Las puntas del cristal captan más vapor de agua y se forman pequeños brazos. Todos los copos de nieve tienen siempre seis brazos a causa del patrón que siguen las moléculas de agua al congelarse.

El copo de nieve cae

Aunque su número de brazos sea siempre el mismo, cada uno de los copos adquiere una forma única, que depende de la temperatura del aire y de la humedad de la nube. Al hacerse más grande y pesado, el copo de nieve empieza a caer.

Una bola de hielo

La gota se congela y forma una bola de hielo. Al adherirse más vapor de agua de la nube a la bola, esta crece y se convierte en un cristal de hielo.

Ver también

Descubre los tres tipos principales de nubes (20-21).

La nieve fundida se evapora

Llega el momento en el que el copo de nieve alcanza el suelo. Cuando la nieve se funde, el agua se evapora y el ciclo comienza de nuevo.

Un copo de nieve cae cuando crece y se hace más pesado que el aire que lo circunda.

¿Va a nevar? Las cimas más altas y las regiones polares están siempre cubiertas de nieve o hielo. En otros lugares, la nieve cae cuando el aire está justo por encima del punto de congelación.

Acurrucados en la nieve El 90 % de la nieve es aire, y este no puede moverse y llevarse el calor consigo. Por eso la nieve es un buen aislante. Muchos animales, como los osos polares, excavan en ella para mantenerse calientes.

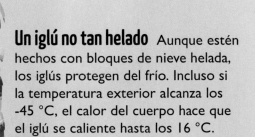

Un iglú no tan helado Aunque estén hechos con bloques de nieve helada, los iglús protegen del frío. Incluso si la temperatura exterior alcanza los -45 °C, el calor del cuerpo hace que el iglú se caliente hasta los 16 °C.

El nacimiento de un río

Las nubes llevan la lluvia y la nieve a las montañas. La lluvia fluye por la tierra hacia pequeños canales y forma arroyos. En primavera, la nieve derretida añade agua a esos arroyos, que descienden por las laderas y se precipitan por las rocas y las cascadas.

El río Amazonas vierte unas 200 000 toneladas de agua en el océano Atlántico **cada segundo.**

Un río joven suele excavar un valle en forma de V.

Valles excavados

A medida que desciende, el río va excavando valles, gargantas y cañones. Los ríos más pequeños que se unen al río principal se llaman afluentes. Al chocar con el lecho del río, el agua y las rocas lo van desgastando poco a poco. El proceso de desgaste de las rocas para convertirlas en sedimentos (guijarros, arena y limo) se llama erosión, y se produce cuando estas rocas son arrastradas.

Meandros

Las curvas se forman cuando una orilla del río se erosiona más que la otra, lo que provoca que el río se vaya torciendo. Esas curvas se llaman meandros.

Ríos

Un río comienza su vida como un simple arroyo en las montañas. En su trayecto hacia el mar, va creciendo a medida que se le unen otros arroyos y ríos. Los ríos erosionan el paisaje, desgastan las rocas y excavan valles y cañones, y forman parte del ciclo del agua.

Ver también

Conoce el funcionamiento de los ciclos del agua (10-11).

El vapor de agua producido por la evaporación forma las nubes.

La desembocadura del río

El río se encuentra con el mar en su desembocadura, donde es frecuente que se divida en distintos canales. A veces, el río se ensancha y forma un estuario, en el que su agua se mezcla con la del mar. Parte del agua del mar se evapora a la atmósfera y más tarde caerá en forma de lluvia y volverá a fluir por un río.

Llanura aluvial

En sus crecidas, el río vierte sedimentos en el terreno circundante y crea zonas planas denominadas llanuras aluviales.

Brazos muertos

En una crecida, el río puede atravesar el tramo entre un meandro y el siguiente, y cortar el meandro intermedio. A la parte cortada se le llama brazo muerto.

Ríos estacionales

Algunos ríos, denominados estacionales, están secos una parte del año. Solo fluyen durante unos días después de lluvias intensas.

Cañones

El Gran Cañón de Estados Unidos ha sido excavado por el río Colorado. Alcanza hasta 29 km de ancho y tiene una profundidad de hasta 1800 m.

Deltas

Un delta es una zona de tierra, en la parte final de un río, formada por los sedimentos que ha arrastrado. Estos se vierten al disminuir el río su velocidad cuando desemboca en el mar.

Delta del Nilo

Cascadas

Las cascadas son uno de los elementos naturales más espectaculares de la Tierra. Se crean cuando la fuerza erosiva del agua de un río desgasta las rocas blandas y deja un saliente rocoso por el que se precipita el agua.

Ver también
Descubre cómo se forman los ríos (26–27).

Río arriba

El saliente de roca dura ya no se sostiene y se hunde en la piscina. Este ciclo de la erosión provoca que la posición de la cascada se desplace poco a poco río arriba.

Saliente

Fragmentos de roca se desprenden y caen en la piscina. Los restos de roca se arremolinan en el fondo de la piscina, lo que se suma a la erosión de la roca más blanda detrás de la cascada y se crea un saliente de roca dura.

El río fluye sobre el borde de roca dura.

Roca dura y blanda

Las cascadas comienzan a formarse cuando un río fluye sobre una capa de roca dura bajo la que hay otra roca más blanda. El agua erosiona la roca blanda más rápidamente que la dura y hace que el lecho del río sea más empinado en la roca blanda.

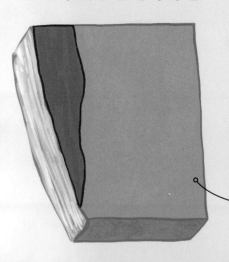

Las rocas blandas, como las pizarras y las limolitas, se desgastan con más facilidad que las duras, como el granito.

Erosión

Con el tiempo, la fuerza del agua y las piedras que lleva erosionan más roca blanda y se crea un escalón en el lecho del río.

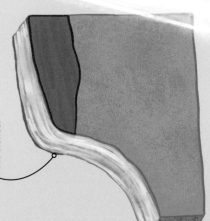

El lecho del río se vuelve más escarpado al erosionarse la roca blanda.

La erosión va cortando también la roca blanda bajo la cascada.

Piscina de inmersión

El rápido flujo de agua erosiona un agujero en la roca, llamado piscina de inmersión. Ahora, el agua cae verticalmente en el agujero y comienza a formarse una cascada.

A veces se puede ver un arcoíris en la niebla alrededor del agua que cae.

El agua de la piscina fluye hacia el río.

La fuerza del agua al caer provoca que el agua se arremoline en la piscina.

La cascada más alta es el Salto Ángel, en Venezuela con 979 m.

Cascadas congeladas

En invierno, una cascada puede congelarse. El río deja entonces de fluir y enormes carámbanos cuelgan hacia abajo. Los escaladores de hielo disfrutan abordando cascadas congeladas.

Cascadas escalonadas

Muchas cascadas descienden de manera escalonada. Unas de las más espectaculares son las de Iguazú, en la frontera entre Brasil y Argentina, en Sudamérica.

Aguas subterráneas

El agua que se esconde bajo el suelo dentro de las rocas se llama agua subterránea. Constituye casi un tercio del agua dulce del mundo. Bajo tierra, el agua se filtra por las grietas y los poros de las rocas y fluye lentamente hacia abajo a través de las rocas, del mismo modo que el agua se filtra a través de la arena. Una parte del agua vuelve a salir a la superficie. Este flujo forma parte del ciclo del agua. Las aguas subterráneas son una importante fuente de agua en muchas zonas del planeta.

Nubes y lluvia

Cuando el aire se eleva y se enfría, el vapor de agua que contiene vuelve a convertirse en agua líquida o en hielo, y se forman nubes. La lluvia y la nieve caen después al suelo.

Evaporación

El agua se evapora del suelo, el mar, los lagos y las plantas. La pérdida de agua de las plantas se llama transpiración. Todo esto añade vapor de agua a la atmósfera.

Podemos encontrar agua en la tierra cavando un pozo por debajo del nivel freático.

Emerge del suelo

Si la capa freática llega a la superficie, el agua emerge del suelo en forma de manantiales, de los que brotan arroyos. La capa freática de los ríos y lagos está al mismo nivel que la superficie del agua.

Polución Los pesticidas, fertilizantes y los productos químicos de los residuos enterrados acaban llegando a las aguas subterráneas y las contaminan. Esto puede hacerlas peligrosas para las personas y animales que las beben.

Dolinas El agua subterránea disuelve algunas rocas, como la caliza, y se crean espacios subterráneos. Si el techo de este espacio se derrumba, aparece una dolina en el suelo, que puede dañar edificios y carreteras.

En el suelo

El agua que cae sobre el suelo penetra en él. Una parte se evapora, otra es captada por las plantas y otra se escurre hasta la roca que hay debajo del suelo. El agua se filtra en las rocas permeables —porosas, con pequeños agujeros— como la arenisca.

Sobre el nivel freático, el agua recubre el exterior de las partículas de roca, pero no llena los espacios intermedios.

El nivel freático

En el subsuelo, la roca está saturada: los pequeños espacios del interior de la roca están llenos de agua. La parte superior de esta capa saturada se llama nivel freático. Cuando llueve mucho, el nivel freático sube, y si hay sequía, desciende. La masa de roca saturada que está bajo el nivel freático se denomina acuífero.

Por debajo del nivel freático, el agua fluye lentamente por los espacios que hay entre las partículas de roca.

Flujo subterráneo

El agua subterránea fluye muy lentamente cuesta abajo a través de las rocas. Fluye por las rocas permeables, pero no puede fluir a través de las impermeables —como el granito y la arcilla— que no absorben el agua. Las aguas subterráneas pueden permanecer bajo tierra miles de años.

Ver también

Lee sobre el agua en las cuevas (34-35) y fuentes termales (32-33).

Oasis Un oasis es un lugar en un desierto donde el agua subterránea sale a la superficie, normalmente a través de grietas en la roca que hay debajo. El agua forma un estanque del que pueden abastecerse las plantas y los animales.

Fuentes termales

Los manantiales de agua caliente son una señal de que algo ocurre bajo la superficie de la Tierra. Se producen cuando la roca fundida caliente, el magma, calienta el agua del subsuelo y la impulsa hacia la superficie. En algunas fuentes termales, los géiseres, el agua no brota de forma constante, sino que la alta presión lanza chorros de agua y vapor al aire.

Fumarola

El agua caliente ascendente puede convertirse en vapor antes de llegar a la superficie. El vapor, junto con los gases volcánicos del magma, sale por unas aberturas conocidas como fumarolas.

Ver también

Descubre los respiraderos hidrotermales submarinos (50-51), chorros de agua caliente en la profundidad del océano.

Manantial hitrotermal

El agua calentada sube hacia la superficie. Sale por una abertura, o respiradero, y forma una piscina en la superficie llamada manantial hidrotermal, que se alimenta de un suministro constante de agua caliente desde abajo.

Los gases de azufre son los responsables de que la nube de vapor huela a huevo podrido.

Agua subterránea

El agua subterránea se acumula cuando el agua de la lluvia y la nieve se abre paso bajo tierra a través de las grietas de las capas de roca.

Calentamiento

El magma calienta el agua. La alta presión en el subsuelo impide que el agua hierva, pero esta puede superar los 180 °C. El agua tan caliente disuelve los minerales de las rocas.

Magma

Géiser

A veces, el agua caliente y el vapor quedan atrapados en un hueco subterráneo al no poder salir con suficiente rapidez por el respiradero de arriba. La presión aumenta, hasta que el agua y el vapor entran repentinamente en erupción en forma de géiser.

Hay solo unos
1000 géiseres
en el mundo.

Algunos géiseres entran en erupción cada pocos minutos u horas. Otros tardan años.

Poza de barro

Al ir subiendo, el agua absorbe los gases volcánicos, que la vuelven ácida. El ácido ataca la roca y la convierte en lodo. El lodo burbujea en la superficie, formando una poza de barro.

Lago arcoíris
La Gran Fuente Prismática de Yellowstone es la mayor fuente termal de Estados Unidos. Los colores del arcoíris que rodean su agua azul proceden de las masas de microbios que crecen alrededor de su borde.

Terrazas de mineral
Los minerales disueltos pueden solidificarse al enfriarse el agua termal, y formar asombrosas estructuras. Durante miles de años, se han formado espectaculares terrazas de piscinas escalonadas en Pamukkale (Turquía).

Piscinas climatizadas
Para huir del frío y la nieve del invierno, los macacos se mantienen calientes bañándose en las aguas termales de un valle de montaña en el centro de Japón.

Las dolinas de la superficie se llenan de agua.

Algunas dolinas se abren bajo corrientes de agua.

Nuevas cavidades

Con el goteo y el flujo de agua que corroen la roca, las grietas se ensanchan y acaban convirtiéndose en pozos y cavidades bajo la superficie.

Goteo

La lluvia y el agua de los arroyos se meten en las grietas de la roca caliza. El agua disuelve lentamente la roca y puede arrastrar los minerales que la componen.

Cuevas

El agua es el escultor de la naturaleza: crea cuevas espectaculares y modela sorprendentes formaciones rocosas bajo tierra. El agua de lluvia absorbe el dióxido de carbono del aire al caer y también el del suelo al filtrarse en la tierra. El dióxido de carbono hace del agua un ácido débil, capaz aun así de disolver la piedra caliza y otras rocas.

El sistema de cuevas más extenso del mundo, Mammoth Cave, en Estados Unidos, se extiende al menos 640 km.

El agua rebosa

Si el agua no puede ir más abajo, puede desgastar la roca cerca de la base del afloramiento y crear una vía de escape. El agua emerge entonces como un manantial o como un arroyo.

El agua emerge de una abertura en la base del afloramiento.

El agua avanza hacia el mar.

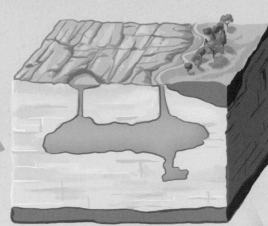

Cada vez mayores

A lo largo de muchos miles —incluso millones— de años, la acción del agua agranda las cavidades, e incluso puede unir varias de ellas.

Agujeros azules

Las cuevas submarinas más espectaculares se formaron en piedra caliza que estaba por encima del agua y que el mar cubrió más tarde. Los agujeros azules que marcan su entrada son sumideros colapsados.

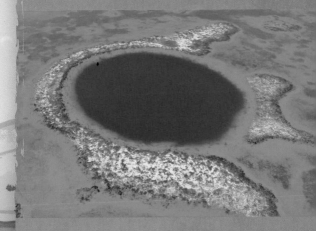

Ver también

Conoce cómo se forman los ríos (26-27) y cómo las aguas subterráneas (30-31) se concentran en el subsuelo.

Vaciado

Si encuentra una vía de escape, el nivel del agua desciende y las cavidades se vacían, formando cuevas más grandes: las cavernas. Ahora todo el arroyo puede desaparecer bajo tierra.

Cuevas costeras

En la base de los acantilados costeros pueden formarse cuevas al golpear las olas las grietas de la roca. La roca acaba rompiéndose y creando cuevas que sirven de refugio a focas, aves y otros animales marinos.

Las estalactitas y las estalagmitas pueden unirse y formar una columna.

Esculturas de piedra

El agua rica en minerales que gotea del techo de la cueva se evapora y deja pequeñas cantidades de minerales sólidos. Los minerales se acumulan y crean estalactitas que cuelgan como carámbanos, mientras que en el suelo se forman estalagmitas.

Cuevas de hielo

En ocasiones, el agua del deshielo excava cuevas y túneles en los glaciares. La luz del Sol que se filtra a través del hielo da a las paredes de las cuevas un hermoso brillo azul.

Una capa de roca impermeable evita que el agua baje más.

Islas volcánicas

A veces, un volcán entra en erupción en el fondo marino y rompe la superficie del mar para formar una isla volcánica. Con el tiempo, en la isla aparecen plantas y animales y puede crecer un arrecife de coral a su alrededor. Finalmente, el volcán puede volver a hundirse.

Sobre la superficie del agua, el volcán sigue entrando en erupción.

Sobre la superficie

Si la erupción continúa, el volcán acaba creciendo lo suficiente para superar el nivel de la superficie del agua, con lo que nace una nueva isla volcánica. En aguas tropicales, el coral crece como un arrecife alrededor de la costa y las plantas colonizan la tierra.

Erupción submarina

Un volcán entra en erupción en el fondo del mar cuando la roca fundida caliente —el magma— atraviesa un punto débil de la corteza terrestre. Al llegar a la superficie, el magma se convierte en lava. Con el tiempo, la lava se acumula hasta crear una montaña submarina con forma de cono.

Ver también
Conoce más sobre la actividad volcánica submarina en las páginas sobre las fuentes hidrotermales submarinas (50-51).

Punto caliente de Hawái

Las islas de Hawái se formaron sobre un punto caliente bajo el océano Pacífico. Actualmente este punto caliente está en erupción para formar la isla más grande del sureste. Otras islas de tamaño decreciente fueron arrastradas desde este punto a lo largo de millones de años.

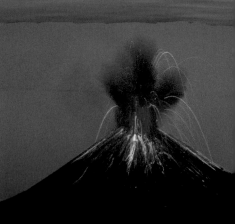

Hundimiento

Tras millones de años, el volcán deja de entrar en erupción y es erosionado por el mar. El arrecife sigue creciendo y queda separado de la costa de la isla por una profunda laguna. Es lo que se llama un arrecife de barrera.

Atolón

Finalmente, la isla desaparece del todo y deja un anillo de arrecifes de coral que rodea una laguna. Este anillo se llama atolón.

En cadena

Si la isla se forma sobre un punto débil de la corteza terrestre –un punto caliente–, el proceso puede repetirse mientras la corteza se desliza lentamente. Cada erupción crea una nueva isla volcánica.

El cono de un volcán más antiguo está ahora inactivo tras alejarse del punto caliente.

Se forma un nuevo volcán al desplazarse la corteza sobre el punto caliente.

El cono más antiguo está más alejado del punto caliente.

La placa se desliza en esta dirección.

Placa

Parte de la corteza terrestre y del manto superior.

Punto caliente

Manto

Capa de roca bajo la corteza terrestre

Krakatoa En 1883, esta isla volcánica de Indonesia voló en pedazos en una de las mayores erupciones jamás vistas. Una nueva isla, llamada Anak Krakatau, está creciendo a partir del cráter que dejó.

Surtsey No todas las islas volcánicas tienen arrecifes. A veces una isla se forma donde hace demasiado frío para que viva el coral, como la isla de Surtsey, frente a la costa de Islandia. Surtsey emergió del mar en 1963.

Ver también

Descubre cómo se forman los copos de nieve (24-25).

De nieve a hielo

Con el tiempo, la nieve queda enterrada bajo nuevas capas de nieve. Poco a poco, todo el aire atrapado entre los copos de nieve es expulsado. Esta nieve compactada se llama firn. Con el paso de los años, el mismo firn se convierte en hielo sólido.

Nieve

Firn

Hielo glaciar

El hielo se funde

Cuando el glaciar llega a las laderas más bajas de una montaña, el hielo comienza a fundirse. La superficie suele estar sucia porque la arenilla que arrastra es liberada por el hielo al derretirse. A medida que el glaciar se va deslizando por las rocas, aparecen enormes grietas, llamadas hendiduras, que pueden tener más de 50 m de profundidad.

Hendiduras

Nevadas

Los glaciares alpinos comienzan en lo alto de las montañas, donde cae gran cantidad de nieve en invierno. La nieve que se va acumulando alimenta al glaciar.

Cuesta abajo

El hielo se desliza cuesta abajo muy lentamente, por lo común unos 25 cm al día. La capa inferior de hielo se funde, lo que ayuda al glaciar a deslizarse sobre la roca que tiene debajo. El hielo erosiona la roca y le arranca pequeños fragmentos que arrastra.

Glaciares

En lo alto de las cordilleras más altas del mundo y en las regiones polares hay grandes ríos de hielo llamados glaciares. Fluyen con extrema lentitud por las laderas, raspando el paisaje que hay debajo. Un glaciar termina su vida en el mar o se derrite en tierra y fluye hacia los ríos.

Capas de hielo

Tanto la Antártida como Groenlandia están cubiertas por gruesas capas de hielo, que tienen una profundidad de unos 2 km. Las capas de hielo alimentan a los glaciares que van hacia el mar.

Frente del glaciar

El extremo de un glaciar se denomina frente. Cuando un glaciar desemboca en un arroyo, los trozos de hielo se desprenden y flotan antes de fundirse. Cuando el glaciar desemboca en el mar, se desprenden enormes bloques de hielo que se convierten en icebergs que flotan en el agua. Es lo que se conoce como desprendimientos.

Paisajes glaciales

Los fiordos son valles inundados por el mar que los glaciares excavaron durante las glaciaciones, períodos muy fríos del pasado. Durante estas épocas, gran parte del norte de Europa y América del Norte estaba cubierta de hielo.

Corrientes marinas superficiales

 La corriente de California fluye hacia el sur como parte del giro del Pacífico Norte. Lleva agua fría, lo que provoca que el clima sea más fresco en la costa oeste de Norteamérica.

Por todos los océanos del mundo fluyen corrientes invisibles. Algunas son pequeñas y locales; otras, mucho más grandes que el Amazonas, recorren miles de kilómetros. Son impulsadas sobre todo por el viento y fluyen en gigantescos bucles alrededor de los océanos más grandes.

Cómo se inician

Las corrientes superficiales son creadas por el viento, que arrastra la superficie del agua. Fluyen alrededor de los principales océanos en bucles gigantes llamados giros. No siguen la misma dirección que los vientos: la rotación de la Tierra hace que se curven en un cierto ángulo, lo que las desvía hacia la derecha en el hemisferio norte y hacia la izquierda en el hemisferio sur.

Corrientes cálidas

Corrientes frías

América del Norte

giro del Atlántico Norte

giro del Pacífico Norte

América del Sur

giro del Pacífico Sur

giro del Atlántico Sur

Desierto de Atacama Las corrientes fronterizas frías del este tienen un enorme efecto en el clima. El agua fría enfría el aire que fluye sobre ella y lo hace muy seco. La corriente fría de Humboldt frente a América del Sur convierte algunas regiones en desiertos supersecos.

Corriente del Golfo Esta corriente fuerte y cálida del Atlántico Norte occidental es importante porque contribuye a que el tiempo en el noroeste de Europa sea mucho cálido de lo que sería en caso contrario. Por eso las palmeras pueden crecer incluso en las islas Scilly, en Gran Bretaña.

La corriente del Golfo fluye hacia el noreste como parte del giro del Atlántico Norte. Es una corriente oceánica fuerte y cálida que transporta unos 113 millones de metros cúbicos de agua por segundo.

 La corriente de Kuroshio forma parte del giro del Pacífico Norte. Esta corriente oceánica calienta la parte sur de Japón.

Ver también Conoce las corrientes marinas profundas (42-43) y las olas del océano (44-45).

 La corriente de las Agujas fluye hacia el suroeste por la costa oriental de África. Es una de las principales corrientes del mundo: fuerte, rápida y cálida.

La corriente de Humboldt fluye hacia el norte a lo largo de la costa occidental de Sudamérica y transporta agua fría desde la Antártida.

La corriente de Benguela es ancha y fría, y fluye hacia el norte por la costa occidental del sur de África.

 La corriente Circumpolar Antártica rodea la Antártida de oeste a este y mantiene alejada el agua caliente, lo que impide que el hielo antártico se derrita.

Europa

Asia

África

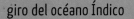 giro del océano Índico

Australasia y Oceanía

Antártida

Corriente de Kuroshio Frente a la costa oriental de Japón, esta corriente puede recorrer entre 40 y 120 km al día, y lleva tanta agua como 6000 grandes ríos. Sus aguas cálidas aportan nutrientes al océano de Japón, lo que da como resultado que la pesca sea muy abundante allí.

Comienzo helado

En los gélidos mares del Atlántico Norte, parte del agua se enfría tanto que se congela. El agua que no se congela se vuelve muy salada y pesada y se desliza hacia el fondo del océano.

Corrientes marinas profundas

En el fondo, el océano se mueve muy lentamente, tan despacio que no se ve. Sin embargo, la cantidad de agua que se desplaza es enorme. Todo el océano gira gradualmente como una gran cinta transportadora, impulsada por las variaciones de densidad del agua.

Hacia el sur

En el fondo del océano, esta agua oscura y gélida se desliza hacia el sur a través del Atlántico, empujada siempre por el agua que se hunde tras ella. Acabará por llegar hasta la Antártida.

El transportador se detiene Los científicos están preocupados. Al estudiar los mares al sur de Groenlandia, han visto que el transportador oceánico profundo se está ralentizando. El calentamiento global impide que el agua se enfríe tanto como antes y añade agua dulce (del deshielo de los casquetes polares), lo que la vuelve menos pesada. Sin el empuje del agua pesada, el transportador podría detenerse por completo. Esto provocaría que los climas fuesen más extremos.

De nuevo hacia el norte

La corriente combinada fluye hacia el sur de África y vuelve a subir por el Atlántico para completar su largo viaje.

Ver también

Conoce las corrientes marinas superficiales (40-41) y las olas del océano (44-45).

Hacia arriba

Cuando las aguas frías fluyen nuevamente hacia el norte, se vuelven un poco menos saladas y algo más cálidas. Las aguas suben a la superficie y forman dos grandes corrientes que vuelven a fluir hacia el oeste. Se encuentran en el océano Índico, al sur de la India.

División antártica

Al llegar a la Antártida, el agua se divide. Parte de ella se desliza hacia el norte, bajo el océano Índico, y el resto viaja hacia el este, hasta el Pacífico.

Agua removida Al morir, el plancton y otras criaturas marinas diminutas se van hacia el fondo. Sin embargo, en los lugares muy fríos el agua helada se hunde y empuja las aguas profundas hacia arriba, acercando el alimento a la superficie. Muchas ballenas migran a la Antártida cada año para alimentarse.

Un largo viaje El gran transportador oceánico tarda mucho tiempo en completar su viaje. El agua que regresa ahora a Groenlandia probablemente comenzó su viaje desde allí en el momento en que los vikingos llegaron por primera vez en el siglo x.

Olas del océano

El agua del océano está en constante movimiento y forma olas. Algunas son ondulaciones suaves que apenas agitan su superficie. Otras son montañas de agua que pueden anegar el barco más grande. Todas comienzan con el viento, que empuja el agua. El arrastre del viento sobre la superficie del océano produce una tensión.

Formación de olas

En el océano, soplan fuertes vientos sobre el agua. Al soplar, azotan la superficie del agua y forman ondas. Si el viento sigue soplando, las ondas se amontonan y entonces se convierten en olas.

Fetch

El agua de una ola gira, pero no se mueve del lugar en el que está.

Fetch y oleaje

La distancia que recorre el viento sobre el océano se llama fetch. Cuanto más largo sea el fetch y más fuerte sea el viento, mayores serán las olas. En océanos muy grandes, como el Pacífico y el Atlántico, el fetch puede ser tan grande que se forman olas de gran tamaño regulares e ininterrumpidas, u oleaje. Estas olas pueden recorrer enormes distancias a través del océano.

Rodillos

Aunque la energía de las olas se desplaza muy lejos, el agua en ellas solo se revuelve en su sitio, lo que crea oleajes hacia arriba y hacia abajo. Piensa en un pájaro marino que flota en la superficie del agua y se balancea arriba y abajo en un punto determinado pero sin avanzar.

Olas gigantes Las tormentas pueden generar olas gigantescas, pero es difícil saber la altura máxima que haya alcanzado una ola. La mayor ola registrada llegó a los 34 m y se midió desde el *USS Ramapo* en un huracán en el Pacífico en 1933.

En Teahupo'o, Tahití, rompen las olas más grandes y peligrosas.

Descarga

En las costas empinadas, las olas rompen de golpe y retroceden con fuerza.

Derramamiento

En las playas de pendiente suave, las olas que rompen se levantan para derramarse plácidas sobre la arena.

Rompientes

Al inclinarse hacia delante, las olas se vuelven inestables y se colapsan, rompiendo entonces contra la orilla.

La energía se concentra en los bajos, haciendo que las olas se junten y sean más altas.

Amontonamiento

Cuando las olas llegan a aguas menos profundas cerca de la costa, su base se pega al fondo, pero su cresta sigue avanzando a toda velocidad. Esto provoca que las olas se amontonen y se inclinen hacia delante.

Ver también
Conoce las corrientes marinas superficiales (40-41) y las corrientes marinas profundas (42-43).

Tsunami Son una serie de olas generadas por un terremoto. La mayoría de los tsunamis se desplazan por el lecho marino a gran velocidad y producen olas gigantes cerca de la costa al llegar a aguas poco profundas, con efectos a menudo devastadores.

Surfear las olas Los pueblos de Perú y la Polinesia llevan miles de años cabalgando las olas del océano. Hoy en día, el surf es un deporte global del que disfrutan más de 25 millones de personas.

Costas cambiantes

Las costas son el lugar en el que la tierra se encuentra con el mar o el océano, y están en cambio constante. Cada pocos segundos, las olas golpean la costa y erosionan la tierra o modifican su forma. Además, la actividad humana ha hecho que el planeta se caliente, provocando que los casquetes polares y los glaciares se derritan, lo que llena los océanos con más agua. Como consecuencia, el nivel del mar sube, causando un impacto aún mayor en nuestras costas.

Desprendimientos

Los acantilados parecen poderosos, pero a veces de ellos se desprenden grandes fragmentos que caen al mar. La lluvia se filtra en la tierra, la grava y la roca de la cima de un acantilado, haciendo que el suelo sea más pesado. Las olas chocan contra el acantilado y lo van debilitando. Con el tiempo, el acantilado acaba por derrumbarse.

Cuevas, arcos y agujas

Un promontorio es un trozo de tierra rocosa que se adentra en el mar. A medida que el viento y el agua la golpean, van esculpiendo la roca de distintas formas. Las cuevas se forman cuando las olas desgastan las grietas del acantilado. Una cueva puede abrirse paso hasta el otro lado de la tierra y formar un arco. Algunos arcos siguen creciendo hasta que no pueden sostenerse solos, y entonces se derrumban, creando un pilar de roca que se conoce como aguja o farallón.

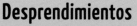

Aguja

Arco

Cueva

Los acantilados blancos de caliza se van desgastando con el viento y la lluvia.

Playa en movimiento

El viento es el responsable de que las olas rompan en la orilla en un determinado ángulo. Las olas arrastran arena y grava hacia la playa. Cuando se retiran, se llevan también arena. Con el tiempo, la arena se desplaza a lo largo de la playa en zigzag y puede acabar depositándose más allá de la costa. Es lo que se denomina deriva litoral.

Dirección de la deriva litoral

Movimiento de la arena

Dirección del viento

Aproximadamente la mitad de la población del mundo vive a menos de **100 km** *de la costa.*

Tierra anegada

Cada año, el nivel del mar sube 3,2 mm. Puede parecer poco, pero incluso un pequeño aumento puede hacer que grandes extensiones de tierra queden cubiertas por el agua. Con el tiempo, muchas personas se han visto obligadas a trasladarse hacia el interior porque sus casas se han inundado.

Mantener el mar a raya

A lo largo de la costa se construyen diques para proteger la tierra de la erosión de las olas. También pueden ayudar a proteger carreteras o edificios. Sin embargo, los diques son caros de construir y pueden impedir que la fauna se desplace por la costa.

Primera marea alta

Al rotar la Tierra, este puerto sufre dos mareas altas y dos mareas bajas cada día. Con la marea alta, el nivel del mar está en su máxima altura. Los barcos flotan bien y los animales de la costa se mueven y alimentan, sin ser vistos, bajo la superficie del agua.

Primera marea baja

Unas seis horas después de la marea alta, el mar está en su nivel más bajo. Nuestro barco está varado y hay mucha arena con la que construir castillos. Muchos animales se han ido a aguas más profundas o se esconden en los charcos de las rocas hasta que la marea vuelva a subir.

Mareas

Cuando la Tierra mira a la Luna, su gravedad atrae el agua del mar y forma una protuberancia llamada marea alta. Al otro lado del planeta, se forma otra marea alta. Entre ambas, el nivel del mar desciende, lo que da lugar a su vez a las mareas bajas.

Los animales expuestos en la marea baja a menudo tienen que quedarse quietos y esperar a que vuelva el agua.

Primera marea alta

El puerto está en la parte de la Tierra orientada hacia la Luna. La gravedad hace que el mar se abulte y provoca una marea alta.

Luna

Atracción de la Luna

Marea alta

Dirección de la rotación de la Tierra

Tierra

Marea baja

Marea baja

Marea alta

Primera marea baja

Cuando la Tierra ha dado un cuarto de vuelta, el puerto está en una de las zonas de marea baja.

Luna

Atracción de la Luna

Marea alta

Dirección de la rotación de la Tierra

Tierra

Marea baja

Marea baja

Marea alta

Segunda marea alta

Unas seis horas más tarde, el nivel del mar ha vuelto a subir. En algunos lugares, las dos mareas altas tienen la misma altura, pero en otros son ligeramente diferentes. Los pescadores intentan pescar los peces que han vuelto al puerto.

Segunda marea baja

Pasadas otras seis horas, vuelve a haber marea baja. El barco está nuevamente varado y, como aún hay luz, las aves aprovechan para alimentarse a lo largo de la orilla, capturando presas que han quedado a la vista al retirarse el agua o que se esconden en la arena.

Ver también
Conoce los distintos tipos de olas del océano (44-45).

Segunda marea alta

La Tierra ha completado media rotación y el puerto está en la protuberancia de la cara opuesta a la Luna, lo que supone otra marea alta.

Luna

Atracción de la Luna

Dirección de la rotación de la Tierra

Marea alta

Tierra

Marea baja

Marea baja

Marea alta

Segunda marea baja

La Tierra ha completado tres cuartas partes de su rotación y el puerto pasa por la segunda zona de marea baja.

Luna

Atracción de la Luna

Dirección de la rotación de la Tierra

Marea alta

Tierra

Marea baja

Marea baja

Marea alta

Respiraderos hidrotermales

En las profundidades del océano brotan chorros de agua caliente por algunas grietas del lecho marino. Son los respiraderos hidrotermales, una especie de géiseres submarinos. Están muy calientes y llevan muchos minerales disueltos. La vida prospera en las duras condiciones que rodean los respiraderos, lejos de la luz solar.

El chorro que brota de la chimenea parece un penacho de humo. Puede ser negro o blanco, según el tipo de minerales que contenga.

Chimeneas que crecen

Al mezclarse el chorro caliente con el agua casi helada, algunos de los minerales disueltos se vuelven sólidos y se depositan en el fondo o se acumulan y forman altas chimeneas.

Las chimeneas pueden tener hasta 55 m de altura.

Filtración

Estos respiraderos se forman en zonas volcánicas del fondo marino, donde el agua fría de las profundidades se filtra a través de grietas y hendiduras en las rocas de la corteza.

Ver también

Descubre cómo el magma calienta también el agua subterránea y forma fuentes termales y géiseres (32-33).

Vida en el respiradero

Las bacterias y unos microbios llamados arqueas obtienen la energía que necesitan de los minerales de los chorros calientes. Los microbios son el alimento de muchos animales que viven alrededor de los respiraderos.

Enormes gusanos tubulares de casi 2 m se agrupan alrededor de algunas chimeneas.

Más agua fría se filtra abajo para reemplazar la que es expulsada.

Estallido

El calor y la presión hacen que el agua rica en minerales vuelva a subir. Se abre paso por grietas y hendiduras e irrumpe en el fondo marino como un chorro hirviente.

Magma

Calentamiento

Al calentarse el agua por el magma del interior de la Tierra, disuelve los minerales de la corteza. El agua se calienta mucho, pero la inmensa presión evita que hierva.

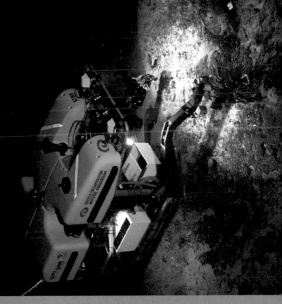

Las comunidades de los respiraderos

Además de los gusanos tubulares, los animales que viven alrededor de los respiraderos pueden ser mejillones, cangrejos, camarones, anémonas e incluso peces. Cada año se descubren nuevas especies adaptadas a la vida en este hábitat extremo.

Explorar las profundidades

Los respiraderos fueron descubiertos en 1977 por científicos que exploraban las profundidades del océano en un sumergible. La mayor parte de las investigaciones en aguas profundas se llevan a cabo con naves autónomas controladas desde barcos en la superficie.

Utilizar el agua

El agua sustenta la vida en la Tierra, desde la de los animales y las plantas hasta la de los organismos más insignificantes. Constituye alrededor del 70 % dc cualquier ser vivo. Los procesos vitales –como la fotosíntesis en las plantas y la digestión en los animales– dependen del agua. Entra en nuestro cuerpo, lo recorre y sale de él. Luego se recicla y la utilizan otros seres vivos.

Células y agua

Las células que forman los seres vivos son como diminutas fábricas, con máquinas que procesan los materiales que continuamente entran y salen de ellas. Cada célula tiene una tarea que hacer y todos los procesos del interior y el entorno de la célula tienen lugar en el agua.

Los animales beben para obtener el agua que su cuerpo y sus células necesitan.

Célula animal

El cuerpo de los animales necesita un nivel adecuado de agua. Si sus células tienen un exceso de agua, pueden hincharse y su delicada membrana celular podría romperse.

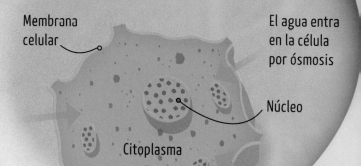

Membrana celular

El agua entra en la célula por ósmosis

Núcleo

Citoplasma

Ganar agua

Cuando el agua entra en el cuerpo de un animal o una planta, pasa al interior de sus células por ósmosis. Esto implica que el agua se filtra a través de una membrana hacia un lugar con una mayor concentración de sustancias disueltas. Las células absorben agua por ósmosis porque están rodeadas por una membrana celular y contienen sales y azúcares.

Una planta erguida tiene células firmes y llenas de agua que le permiten mantenerse derecha y no caer.

Célula vegetal

A diferencia de las células animales, la membrana de las vegetales está recubierta por una pared resistente. Por eso cuando las plantas absorben agua, sus células se hinchan y se ponen firmes sin reventar, lo que las ayuda a mantenerse erguidas.

El agua entra en la célula por ósmosis

Citoplasma

La vacuola almacena la mayor parte del agua en las células vegetales

Los cloroplastos generan alimento por fotosíntesis

Pared celular

El núcleo le indica a la célula qué debe hacer

Membrana celular

Célula animal

Citoplasma

Membrana celular

Núcleo

Una célula animal tiene citoplasma, núcleo y membrana, pero carece de vacuola, cloroplastos y pared.

Célula animal

Si las células animales pierden agua, se arrugan.

Los perros no sudan para refrescarse, sino que se enfrían perdiendo el agua que se evapora de sus vías respiratorias cuando jadean.

Células en equilibrio

Si las células de un animal o de una planta están rodeadas de agua con la misma concentración de sustancias que en su interior, no se produce la ósmosis. Esto significa que no ganan ni pierden agua a través de sus membranas celulares, por lo que ni se hinchan ni se arrugan.

Perder agua

Cuando un animal o una planta se deshidratan, se pierde agua alrededor de las células, con lo que la concentración de sustancias es mayor que la del interior de las células. Esto significa que el agua se filtra fuera de las células por ósmosis.

Las plantas pierden el agua que se evapora a través de los poros de sus hojas. Una planta se marchita al perder firmeza sus células.

Célula vegetal

La membrana celular se apoya en la pared celular.

Vacuola

Célula vegetal

Si las plantas pierden agua se marchitan, pues la membrana de sus células se separa de la pared. El líquido del exterior se filtra al hueco entre la pared y la membrana.

Producción de alimento

Las hojas fabrican alimento utilizando la energía luminosa del Sol para combinar el agua de las hojas con el dióxido de carbono del aire. Esta reacción química produce azúcar y otros nutrientes y libera oxígeno. Un pigmento verde de las hojas, la clorofila, absorbe la energía del Sol para hacerlo posible.

Luz solar

Dióxido de carbono

Agua

Azúcar

Oxígeno

Transporta el alimento

Al alimento fabricado durante la fotosíntesis se le añade agua. Este líquido azucarado se lleva por toda la planta a través de unos tubos —los vasos del floema— y proporciona a las raíces, el tallo, las hojas y las flores toda la energía que necesitan para crecer.

Azúcar

Vena

Estoma

Ver también

Lee sobre cómo los animales encuentran alimento en el agua (58-59).

Sale de la hoja

Cuando el Sol calienta la hoja, se abren los estomas, pequeños poros por los que los gases entran y salen. El agua de la hoja pasa de líquido a gas y se evapora por los estomas abiertos. A medida que el agua sale, la planta absorbe más agua a través de sus raíces. El movimiento ascendente del agua por el xilema se llama corriente de transpiración.

Se mueve por la hoja

Los vasos del xilema transportan el agua por el centro de la hoja y las venas se ramifican para suministrar agua al resto de la hoja.

Plantas y agua

Las plantas necesitan agua para crecer. Las raíces absorben el agua del suelo, que sube por los tubos que la llevan a las hojas, desde donde se evapora. Parte del agua se utiliza para fabricar alimentos, en el proceso de fotosíntesis, y se almacena dentro de las células para mantenerlas firmes, ayudando a toda la planta a sostenerse erguida.

Se almacena en el suelo

El agua penetra en el suelo al llover. Se mueve entre las rocas y la tierra, donde recoge los nutrientes allí depositados. Los minerales de las rocas y el material en descomposición se disuelven en el agua atrapada entre las partículas del suelo.

Agua

¿Por qué se marchitan las plantas? Las plantas empiezan a marchitarse cuando pierden más agua por las hojas que la que obtienen por las raíces. Esto, que provoca que su estructura pierda rigidez, puede ocurrir después de varios días secos, calurosos y sin lluvia.

Adaptación Los manglares viven en agua salada. Sus raíces están adaptadas para filtrar la sal del mar. Las plantas no se hunden y sus hojas suculentas tienen una capa de cera que minimiza la evaporación.

Sube por el tallo

Los vasos del xilema son tubos dispuestos dentro del tallo para transportar el agua a través de la planta. El agua sube continuamente por los vasos del xilema porque las moléculas de agua se mantienen juntas, así que a medida que se pierde agua por las hojas, agua nueva sube por el tallo.

Xilema

Entra por las raíces

En las raíces hay unas células microscópicas en forma de pelo que se adentran en el suelo, aumentando su superficie de absorción. El agua entra en las raíces por un proceso llamado ósmosis, y viaja a través de las células de la raíz para llegar a unos tubos llamados vasos del xilema.

Xilema

Pelo radical

Plantas del desierto

Las hojas anchas y finas pierden mucha agua en ambientes secos y calurosos. Para minimizar la pérdida de agua de las hojas, los cactus tienen espinas finas. Sus gruesos tallos carnosos realizan el trabajo de fotosíntesis en lugar de las hojas.

Comida *en el* agua

El agua fluye y las cosas flotan en ella. Algunos seres vivos se valen del comportamiento del agua para encontrar alimento. Hay plantas carnívoras que atrapan a sus presas con el agua. Muchos animales que viven pegados a las rocas o al fondo del mar no pueden moverse para buscar comida, así que tienen que obtenerla atrapando los alimentos que les lleva el agua.

La hierba de la vejiga vive en estanques, pantanos y arroyos. No tiene raíces, pero toma los nutrientes del agua y de las presas que captura.

Trampa de presión

La hierba de la vejiga flota y tiene trampas en forma de globo que atrapan presas como larvas de insectos, pulgas de agua y gusanos acuáticos. Las trampas, llamadas vejigas, utilizan los cambios de presión del agua para succionar a sus víctimas. Cuando la trampilla está cerrada, el agua del interior de la vejiga está a una presión menor que la del exterior.

Las antenas guían a las presas pequeñas hacia la trampilla y mantienen alejadas a las grandes.

Los pelos abren la trampilla si una presa pequeña los toca.

La trampilla produce una sustancia dulce y viscosa que atrae a las presas.

Una pulga de agua toca un pelo y la trampilla se abre y aspira el agua y la presa. La puerta se cierra cuando la presión del agua dentro y fuera de la trampa es la misma.

El agua siempre fluye de las zonas de alta presión a las de baja presión.

Unas sustancias químicas llamadas enzimas digieren a la víctima. El agua es expulsada entonces, lo que disminuye la presión interior. Ya está lista para otra presa.

Los insectos resbalan por la superficie lisa y cerosa de la trampa.

Piscina peligrosa

Como las hierbas de vejiga, las plantas odre son carnívoras. Tienen una trampa en forma de recipiente que contiene agua en el fondo. Los insectos que se alimentan del néctar del borde de la jarra pierden el equilibrio y caen dentro. Las víctimas se ahogan y las enzimas del agua digieren sus partes blandas.

Los recipientes de esta planta odre se desarrollan en el extremo de largos zarcillos que crecen desde las puntas de las hojas.

Recolectores en la corriente

El alimento que transporta la corriente alimenta a la anémona marina Venus atrapamoscas y al tunicado depredador, dos animales del fondo oceánico. Ambos se encaran a la corriente y tienden su trampa como una red, con lo que consiguen una gran superficie para recoger el alimento.

Las solapas con tentáculos de la Venus atrapamoscas se pliegan para atrapar los alimentos que se posan en ellas.

Los crinoideos son parientes de las estrellas de mar. Extienden sus brazos para atrapar el alimento que flota cerca de ellos.

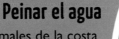

Peinar el agua

Algunos animales de la costa y del fondo marino utilizan sus extremidades plumosas para recoger el alimento suspendido, o colgado, en el agua. Lo hacen agitando sus extremidades de un lado a otro, peinando el agua en busca de alimento.

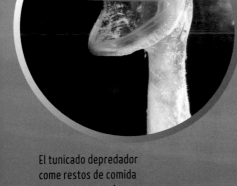

El tunicado depredador come restos de comida y camarones que la corriente arrastra hacia su boca abierta.

Filtradores

Muchos animales llenan su cuerpo de agua y filtran partículas de alimento o pequeños animales al expulsarla. Entre los animales filtradores están los que viven en el fondo, como las esponjas y las almejas, pero también muchos peces e incluso algunas ballenas.

El interior de una esponja está cubierto de pequeños pelos que laten. Los pelos bombean el agua de mar dentro y fuera del cuerpo de la esponja, tamizando las partículas de nutrientes del agua.

El cuerpo humano

Dos tercios del cuerpo humano son agua. Nuestros órganos y tejidos están formados por células y estas necesitan agua para funcionar. Las personas obtenemos agua comiendo y bebiendo, y la perdemos orinando, haciendo caca y sudando.

Sistema digestivo

Ver también
Descubre cómo las plantas utilizan el agua (56-57) para transportar su alimento.

Ganar agua

Los seres humanos bebemos y comemos cada día. La sensación de hambre y sed nos recuerda que nuestro organismo necesita más agua. El cuerpo mismo produce también agua por medio de reacciones químicas.

Absorción en la sangre

El agua pasa por el estómago y llega a los intestinos. Se absorbe en la sangre a través de las paredes del intestino delgado.

El agua se absorbe en una red de vasos sanguíneos de unas pequeñas protuberancias en la pared del intestino, llamadas vellosidades.

El agua baja por el esófago.

Esófago

Estómago

Intestino grueso

Intestino delgado

Ayuda a digerir
El agua ayuda a que los alimentos pasen por el sistema digestivo. Es necesaria para que las cacas sean blandas, ya que estas salen del cuerpo con más facilidad que las duras.

Células de la sangre
La sangre está formada por glóbulos rojos y blancos que flotan en un líquido acuoso llamado plasma. Los glóbulos rojos tienen forma de disco y transportan oxígeno. Los glóbulos blancos combaten las bacterias y los virus.

Glóbulos rojos

Sistema circulatorio

Agua en la sangre

La sangre es una mezcla de células que flotan en un líquido llamado plasma. El plasma está formado principalmente por agua y lleva sustancias químicas disueltas. El corazón bombea la sangre por todo el cuerpo a través de los vasos sanguíneos.

Corazón

El agua de la sangre se acumula entre las células antes de entrar en ellas.

Absorción

La sangre suministra alimentos y oxígeno a los órganos y tejidos del cuerpo. La presión sanguínea provocada por el bombeo del corazón es la responsable de que parte del agua, y de las sustancias químicas que transporta, salga de la sangre y entre en las células.

Sistema excretor

El agua se evapora por la piel al sudar, y, al respirar, también por los pulmones.

Producción de orina

Los residuos químicos de las células entran en la sangre y circulan hacia los riñones. Estos órganos filtran la sangre, por lo que los desechos se eliminan en forma de un líquido llamado orina. Los uréteres la llevan hasta la vejiga y, cuando esta está llena, orinamos.

Riñones

Uréteres

Vejiga

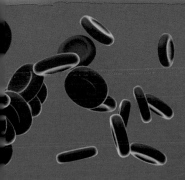

Transpiración Sudar ayuda al cuerpo a enfriarse. El sudor se produce en las glándulas de la piel. A medida que el sudor sale de estas glándulas, pasa de ser líquido a vapor. Durante este proceso de evaporación, el sudor se lleva el calor del cuerpo.

Evitar deshidratarse

Los camellos pueden caminar durante días a través del desierto sin beber ni comer. El dromedario sobrevive en el caluroso y seco desierto del Sáhara gracias a su joroba, que almacena energía en forma de grasa, y a su cuerpo, que es capaz de tolerar temperaturas extremas y desafiar la deshidratación.

Al deshidratarse, los vasos sanguíneos se estrechan y los glóbulos deben encogerse hasta convertirse en óvalos planos para poder seguir circulando por las venas y arterias.

Hora de comer

Los camellos pueden sobrevivir comiendo plantas secas con pocos nutrientes. Mastican la dura comida, la tragan y vuelven a masticarla para extraer la mayor cantidad posible de nutrientes.

Los glóbulos sanguíneos pueden hincharse hasta más del doble de su tamaño al absorber agua.

Los camellos comen las plantas que encuentran para obtener agua y energía.

Sangre hidratada

El intestino libera lentamente agua en la sangre, lo que impide que esta se diluya demasiado rápido. Los finísimos glóbulos de la sangre se hinchan hasta alcanzar más del doble de su tamaño normal, ya que el agua los impregna.

Sed de camello

Un camello suele beber entre 10 y 20 litros por minuto, pero puede llegar a beber hasta 130 litros por minuto. Eso es mucho más de lo que son capaces otros animales.

Alta resistencia

La mayoría de los animales mueren si pierden más del 15 % del agua de su cuerpo, pero un camello puede perder el doble de esta cantidad y seguir estando bien. A medida que pierde agua, también la pierde su sangre.

Energía extra

La grasa de la joroba se quema para liberar energía cuando el camello tiene poco que comer. A medida que la grasa se agota, la joroba se vuelve flácida.

Planta reviviscente

La rosa de Jericó vive en el desierto. Parece seca y muerta, con sus hojas marrones, pero cuando llueve, absorbe rápidamente el agua, se despliega y vuelve a ser verde.

Mantenerse fresco

El cuerpo del camello puede tolerar una temperatura elevada y solo empieza a sudar cuando hace mucho calor. Así evita perder un agua preciosa.

El camello respira lenta y profundamente, y así reduce la pérdida de vapor de agua al exhalar.

Zorro de Rüppell

El zorro de Rüppell nunca bebe. Este mamífero del desierto caza de noche y obtiene agua de su comida y de la conversión de los alimentos en agua dentro de su cuerpo.

Camello bactriano

El camello bactriano, del desierto asiático de Gobi, tiene un pelaje grueso para mantenerse caliente en invierno, pero se desprende de él en primavera. Tiene adaptaciones similares a las del dromedario.

Riñones inteligentes

Los riñones de un camello filtran su sangre para eliminar agua y residuos en forma de orina. Cuando un camello está deshidratado, sus riñones retienen agua y su orina está más concentrada.

Ver también

Descubre cómo las personas experimentamos la sed (66-67) y sentimos la necesidad de beber.

Recoger agua

En los desiertos y otros lugares secos donde rara vez llueve, es difícil encontrar agua suficiente para sobrevivir. Algunos seres vivos han cambiado su cuerpo y su comportamiento para poder recoger la mayor cantidad de agua posible en estos duros hábitats. Incluso una pequeña cantidad de agua puede marcar la diferencia entre la vida y la muerte.

Beberse el rocío

Este tenebriónido, un escarabajo del desierto africano de Namibia, bebe el rocío matinal que llega desde el mar. Se enfrenta a la brisa y se inclina levantando su trasero a la humedad. El agua se condensa en sus élitros y las gotas descienden hasta su boca.

Recoger la niebla

Las espinas de los cactus no solo los protegen de los herbívoros, sino que también recogen las gotas de agua de la niebla del desierto. El agua corre a lo largo de las espinas hasta el tallo y baja hasta las raíces. En algunos cactus, el mismo tallo puede absorber agua.

Beberse el desierto

El diablo espinoso de Australia se ayuda de su piel escamosa para extraer agua del suelo. Cuando aprieta su vientre contra la arena, la humedad es aspirada a través de los diminutos canales que tiene entre sus escamas, que llevan el líquido hacia su boca. También se echa arena a la espalda para obtener aún más agua.

El agua es absorbida por esos pequeños huecos por capilaridad, igual que un pañuelo de papel que absorbe la humedad.

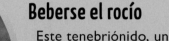

El agua recorre el cuerpo y llega a la boca del diablo espinoso.

Escamas con surcos

Para poder aprovechar al máximo la poca lluvia, las serpientes de cascabel se enroscan mucho y beben el agua que se acumula en sus escamas. Un laberinto de pequeños surcos en la superficie de estas impide que el agua se escurra y la retiene allí en forma de gotas, que la serpiente lame entonces.

Beber del aire

Para conseguir agua en la estación seca, la rana arborícola verde australiana se enfría por la noche y se refugia en una madriguera o en el hueco de un árbol. Una vez dentro, la humedad del aire caliente se condensa en el cuerpo más frío de la rana, como las gotas que se forman en una lata de bebida en la nevera.

El aire de la madriguera o el hueco es cálido y húmedo.

La rana absorbe agua a través de su piel.

Para recoger el agua se balancea de un lado a otro y agita las plumas de su vientre. Puede tardar hasta quince minutos en «llenarse».

Ave cisterna

Los polluelos de ganga se alimentan solos cuando salen del cascarón, pero el padre les lleva agua para beber. Vuela hasta una charca y mete el vientre en el agua. Sus plumas tienen una textura especial que absorbe cuatro veces más agua que una esponja. Luego vuelve con sus sedientos polluelos a llevarles el agua.

Un macho de ganga llega a volar 120 km entre ida y vuelta para buscar agua para sus polluelos.

Los polluelos beben exprimiendo con el pico las plumas mojadas de su padre.

Tener sed

El cerebro controla los niveles de líquido en el cuerpo. Cuando los niveles de agua bajan, envía señales químicas al resto del cuerpo para que lo corrija. El cerebro también provoca que tengas sed, para que bebas y te rehidrates.

Baja el nivel

Cuando los niveles de agua en la sangre y otros fluidos corporales descienden, la concentración de la sangre aumenta. Las células del cerebro lo detectan y este nos hace sentir sed.

El cerebro controla la concentración de la sangre.

El corazón bombea la sangre.

Sudor

Ejercicio

El cuerpo gasta agua durante el ejercicio y libera calor. Sudamos para disipar el calor del cuerpo y enfriarnos.

Ver también
Conoce cómo los dromedarios evitan deshidratarse (62-63) y cómo los animales recogen agua (64-65).

¿Cuánto hay que beber?

Beber líquidos mantiene la sangre y las células hidratadas para que funcionen correctamente. La cantidad de líquido que necesitamos depende de varios factores, como el peso corporal, la cantidad de ejercicio o el clima. Aquí tienes una guía aproximada de la cantidad de agua que debes beber cada día.

Chicas de 9-13 años:
1,5 litros

Niño o niña de 1-3 años:
0,8-1 litros

Niño o niña de 4-8 años:
1,2 litros

Chicos de 9-13 años:
1,6 litros

Color del pis Cuando estamos deshidratados, los riñones retienen agua, por lo que el pis es menos acuoso, más concentrado y tiene un color más oscuro. Cuando nuestro cuerpo está hidratado, el pis es más claro porque se diluye con más agua.

Alimentos salados La sal de los alimentos se absorbe en la sangre y aumenta su concentración. Esto significa que afecta al cerebro y al cuerpo igual que cuando perdemos agua: tenemos sed y expulsamos menos agua con la orina.

Se lanza una señal

Estas células están en una parte del cerebro llamada hipotálamo, que se encuentra sobre una glándula llamada hipófisis. El hipotálamo ordena a esta glándula que libere una hormona.

Base del hipotálamo

Hipotálamo

Vasos sanguíneos

Glándula pituitaria

Los riñones responden

La hormona circula por el torrente sanguíneo hasta llegar a los riñones, y les transmite la orden de que retengan más agua en la sangre y liberen menos agua en la orina.

Cerebro

Corazón

Los riñones filtran la sangre

Hombre a partir de los 14 años: **2 litros**

Mujer a partir de los 14 años: **1,6 litros**

Mujer embarazada: **2,3 litros**

Bebemos

El agua tarda cinco minutos en empezar a entrar en la sangre y unos diez minutos en que la mayor parte se absorba. Dejamos de beber antes gracias a la sensación física de tragar agua y a que nuestro cerebro sabe que eso significa que ya no tenemos sed.

Función de la vejiga La orina se acumula en la vejiga. A medida que esta bolsa se llena, sus paredes se estiran y envían señales eléctricas al cerebro para que sepamos que debemos orinar. Cuando estamos listos para ello, relajamos un esfínter para abrir la vejiga y contraemos los músculos de la pared de la vejiga para expulsar la orina.

La vida en el agua

La vida comenzó en el agua hace miles de millones de años. En la actualidad, una gran variedad de plantas y animales siguen teniendo el agua como hogar, y viven, crecen y se reproducen en su superficie y bajo ella. Desde los océanos más profundos hasta los estanques más modestos y los ríos más rápidos, la vida acuática prospera en todo el planeta.

Vivir en el agua

Los seres vivos que viven en el agua se enfrentan a condiciones muy distintas a las de los que viven en la tierra. El agua es más densa que el aire y es más difícil moverse por ella, y también contiene menos oxígeno. El cuerpo de los organismos acuáticos y su forma de vida están especialmente adaptados a sus hábitats acuáticos.

Sus cuerpos largos e hidrodinámicos ayudan a algunos animales a deslizarse en el agua.

Este albatros utiliza sus patas palmeadas para remar en el agua.

Moverse en el agua

Se necesita más energía para moverse por el agua que por el aire, especialmente las criaturas más pequeñas. Muchos animales acuáticos nadan moviendo su cuerpo de un lado a otro. Otros utilizan partes del cuerpo, como las aletas, para impulsarse. Los más pequeños, llamados zooplancton, se desplazan a la deriva con la corriente en lugar de luchar por nadar contra ella.

Para el zooplancton, como estos copépodos, querer nadar en el agua sería como para nosotros intentar nadar en la melaza.

Los peces manta baten sus aletas pectorales como si fueran alas para «volar» por el agua.

Los corales se reproducen liberando directamente en el agua pequeños paquetes de esperma y huevos.

La ballena azul es el animal más grande que ha existido nunca.

Crecer mucho

El agua sostiene los cuerpos mejor que el aire. Por eso, los seres que viven en el agua pueden crecer mucho sin tener un esqueleto especialmente fuerte (en los animales) o tejidos de soporte como la madera (en las plantas). Esta es la razón por la que las enormes ballenas, las grandes medusas y las gigantescas algas se vuelven flácidas e indefensas cuando quedan varadas en la orilla.

Al tener el cuerpo blando, la medusa melena de león –la mayor medusa del mundo– no puede volver al mar si es arrastrada a la orilla.

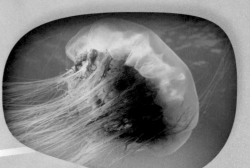

Obtener oxígeno

Los peces y muchas otras criaturas acuáticas respiran por medio de branquias, que absorben el oxígeno del agua. Los mamíferos y reptiles acuáticos, en cambio, tienen pulmones, por lo que deben salir a la superficie para respirar. La mayoría de los anfibios tienen branquias cuando son jóvenes y viven en el agua, y pulmones cuando son adultos y pasan a la tierra.

En el invierno polar, cuando el mar se congela, las focas hacen agujeros en el hielo para poder salir a respirar.

Los anfibios suelen perder las branquias cuando se convierten en adultos, pero los ajolotes conservan sus branquias rosas toda su vida.

Tener crías

Los espermatozoides necesitan moverse por el agua para llegar a los óvulos y fecundarlos. La mayoría de los seres del agua liberan mucho esperma y muchos óvulos y confían en el azar para la fecundación, pero algunos introducen el esperma en el cuerpo de su pareja al aparearse, para que sea más fácil que sus óvulos se fecunden.

Cuando los delfines se aparean, los huevos son fecundados dentro del cuerpo de la hembra.

Ambientes oceánicos

Desde los helados mares polares hasta las cálidas aguas tropicales y desde el oleaje de la superficie hasta las oscuras profundidades, las condiciones del océano varían enormemente. En cualquier lugar, sin embargo, la vida marina se ha adaptado a su entorno para vivir, alimentarse y reproducirse.

Mares tropicales

En los trópicos, a ambos lados del ecuador, el Sol se sitúa prácticamente en la vertical durante todo el año. Los arrecifes de coral que crecen en las cálidas aguas tropicales, poco profundas, son el hábitat de todo tipo de vida marina.

Mares polares

Aunque el hielo cubre los mares que rodean los polos norte y sur en invierno, los mares polares son ricos en nutrientes. Los mamíferos polares, como las focas, y las aves, como los pingüinos, se protegen del frío con una capa de grasa. Los peces de los mares polares tienen en su cuerpo sustancias químicas que evitan que se congelen.

Mares templados

Entre los fríos polos y los cálidos trópicos hay mares templados. Grandes bancos de peces, como las sardinas, los arenques y las anchoas, recorren el océano abierto en busca de pequeños crustáceos con los que alimentarse. Los bancos son presa de peces más grandes, mamíferos marinos y aves marinas.

El punto más profundo de la *Fosa de las Marianas*, en el Pacífico occidental, se sumerge hasta los 11 030 m.

En los lugares más profundos, el fondo marino desciende, formando abismos llamados fosas oceánicas.

Tortuga

Los animales de la zona fótica (iluminada por el Sol) incluyen muchas especies de peces, tortugas y mamíferos como las ballenas y los delfines.

Zona fótica

La mayoría de los organismos oceánicos viven en la zona fótica, las aguas iluminadas por el Sol cerca de la superficie, donde las mareas, las corrientes y los vientos mantienen el mar en movimiento, y donde la temperatura cambia con las estaciones. El plancton proporciona alimento a gran cantidad de animales marinos. Los animales que se alimentan de plancton son a su vez cazados por depredadores más grandes.

Delfín

Medusa

0-200 m

En la penumbra de la zona mesopelágica, los animales suelen tener ojos grandes y muy sensibles para recoger la mayor cantidad de luz posible.

Pechito

Anguila tijera

Zona mesopelágica

En la zona mesopelágica o crepuscular hay suficiente luz para que los animales vean, pero no para que sobrevivan las algas. Muchos animales suben a la superficie por la noche para alimentarse y vuelven a bajar de día. Otros se quedan en la superficie y emboscan a sus presas con sus grandes mandíbulas. Algunos producen luz para confundir a los depredadores, encontrar pareja o atraer a sus presas.

Tiburón

200-1000 m

Calamar vampiro

Zona batial

En las profundidades, la oscuridad es total, hace mucho frío y el agua ejerce una enorme presión en los animales que viven allí. Muchos animales de la zona batial pueden producir su propia luz, pero otros son ciegos y encuentran comida y pareja con la ayuda del oído y el tacto, y detectando los olores y los movimientos del agua.

1000-6000 m

Producir luz

Muchos animales de las profundidades oscuras pueden brillar con luz propia. Esto se debe a que sus cuerpos contienen focos de bacterias que pueden producir luz a partir de sustancias químicas. Los científicos llaman a esto bioluminiscencia, que significa «luz de los seres vivos».

Rape abisal

Algunos animales se alimentan de partículas en descomposición que caen desde arriba.

Cerdos de mar

La vida *en el agua*

La Tierra se formó hace unos 4500 millones de años. En algún momento, un único océano pudo cubrir la superficie del planeta. El agua proporcionó las condiciones adecuadas para que comenzara la vida, y al principio, durante unos 3000 millones de años, la vida consistió en microbios unicelulares demasiado pequeños para verse a simple vista.

Animales

Los primeros animales tenían el cuerpo blando. Algunos estaban fijos en el lecho marino y tomaban los nutrientes del agua. Otros se arrastraban por el fondo y se alimentaban de sus nutrientes.

Los chorros de agua que salen de los respiraderos contienen minerales de las rocas del subsuelo.

Productores de oxígeno

Algunos microbios de los mares poco profundos a los que llegaba la luz del Sol podían realizar la fotosíntesis. Al hacerlo, liberaban oxígeno, por lo que los océanos y la atmósfera son ricos en este gas.

Aunque parezca un helecho, Charnia era un animal que vivía en el lecho marino.

Vida pluricelular

La mayoría de los microbios se intoxicaron con el exceso de oxígeno, pero otros prosperaron y desarrollaron gradualmente nuevas formas de vida, algunas más grandes y con muchas células. Aparecieron las algas, incluidas las primeras algas marinas.

Comienza la vida

La vida debió de empezar en las grietas del lecho oceánico, los respiraderos hidrotermales, de las que brotaba agua caliente rica en minerales. Los primeros microbios unicelulares obtenían su energía absorbiendo minerales del agua.

Las cianobacterias fueron uno de los primeros microbios capaces de realizar la fotosíntesis.

Las primeras hierbas marinas, aunque mucho más grandes que los microbios, medían solo unos pocos milímetros.

4
MMA

3.5
MMA

1
MMA

600
MA

MMA = miles de millones de años atrás
MA = millones de años atrás

74

Opabinia

530
MA

500
MA

Los primeros invertebrados terrestres excavaban en el suelo húmedo y el limo para que su cuerpo no se secara.

430
MA

540
MA

Vertebrados

Los primeros peces tenían un cráneo de cartílago. No tenían mandíbulas y debían buscar comida en el lecho marino. Más tarde desarrollaron una columna cartilaginosa y se convirtieron en los primeros vertebrados.

420
MA

Los actinopterigios, como este fósil, eran el mayor grupo de peces del océano.

Dunkleosteus

El Anomalocaris debía de comer criaturas de cuerpo blando, como los gusanos.

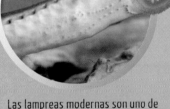

Las lampreas modernas son uno de los pocos peces sin mandíbula que sobreviven. Como sus antecesores, tienen esqueleto cartilaginoso.

Esqueleto óseo

Aparecieron los primeros peces con esqueleto óseo. Algunos desarrollaron aletas sostenidas por finos huesos. En otros peces óseos, las aletas eran lóbulos carnosos.

Colonizar la tierra

Pequeños invertebrados empezaron a salir del agua y en la costa aparecieron plantas parecidas al musgo. Estas criaturas seguían necesitando hábitats húmedos para tener crías.

Explosión cámbrica

En el Cámbrico, las condiciones permitieron la evolución de muchos nuevos animales. Algunos se parecían a las criaturas actuales, como las medusas, gambas y almejas. ¡Otros tenían un aspecto un poco extraterrestre!

Mandíbulas para morder

Algunos peces desarrollaron mandíbulas, por lo que ahora podían morder trozos de comida más grandes. Muchos peces con mandíbulas, como el Dunkleosteus, pertenecían a un grupo de depredadores acorazados llamados placodermos.

Hallucigenia

Reptiles

Algunos anfibios desarrollaron una piel escamosa que les permitía permanecer más tiempo fuera del agua. Ponían huevos de cáscara dura que podían sobrevivir en tierra. Eran los primeros reptiles.

La mayoría de los reptiles ponen huevos de cáscara dura. La cría se desarrolla en el líquido de su interior antes de salir del cascarón.

Tortugas

En tierra había habido durante millones de años reptiles con caparazón, y algunos volvieron al mar. Al evolucionar sus patas para convertirse en aletas en forma de pala, para nadar, empezaron a parecerse a las tortugas marinas actuales.

Unos animales marinos llamados trilobites se extinguieron al cambiar el clima y los océanos.

Gigantes del océano

Durante millones de años, los reptiles dominaron la vida en el planeta: en la tierra, los dinosaurios, y en el mar, unos enormes reptiles, los ictiosaurios y los plesiosaurios.

Anfibios

Algunos peces de aletas carnosas, como el Tiktaalik, podían llegar a tierra firme. Desarrollaron pulmones y fueron los primeros anfibios. Volvían al agua para poner sus huevos blandos y sus crías seguían siendo acuáticas.

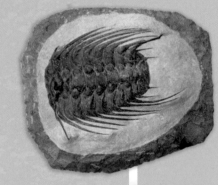

Extinción masiva

El drástico cambio climático, quizá causado por erupciones volcánicas, acabó con cerca del 90 % de la vida oceánica. Los animales que se habían adaptado a la tierra, como los reptiles, sobrevivieron mejor a los cambios.

Los plesiosaurios tenían aletas como extremidades y algunos tenían el cuello muy largo.

375 MA

320 MA

250 MA

200 MA

120 MA

El Tiktaalik tenía aletas cortas, branquias y pulmones.

Archelon llegaba hasta los 4,6 m de longitud, más del doble que la mayor tortuga actual, la tortuga laúd.

66
MA

60
MA

50
MA

100
MA

Hoy

¡Impacto!

Al chocar un enorme asteroide con la Tierra, el planeta se cubrió de polvo y se enfrió. Los dinosaurios no tardaron en extinguirse, como los ictiosaurios, los plesiosaurios y otros animales.

El polvo causado por el enorme impacto tapó el Sol. El frío y la oscuridad duraron muchos años.

Mamíferos marinos

Los pequeños mamíferos terrestres sobrevivieron al asteroide. Al no haber grandes reptiles que los depredaran prosperaron. Muchos crecieron en tamaño y algunos se adaptaron a la vida en el agua y se convirtieron en mamíferos marinos, como las ballenas, las focas y los manatíes.

Algunas ballenas sustituyeron los dientes por barbas para filtrar el alimento del agua.

Cocodrilos

Los antecesores de los cocodrilos eran reptiles que vivían en tierra y caminaban erguidos sobre dos patas. Más tarde se lanzaron al agua, y algunos vivían exclusivamente en el mar.

Este enorme diente de megalodón se muestra junto al diente del actual gran tiburón blanco.

Los cocodrilos y los caimanes actuales descienden del grupo de reptiles llamado arcosaurios, que incluye a los dinosaurios, las aves y los pterosaurios voladores.

La contaminación y los residuos plásticos matan a un gran número de animales marinos.

El auge de los tiburones

Los tiburones sobrevivieron a la extinción. Al desaparecer los grandes reptiles, se convirtieron en los grandes depredadores del océano. Algunos, como el megalodón, llegaron a medir hasta 18 m.

Océanos en peligro

La acción humana amenaza la vida de los océanos. La construcción en las costas destruye los hábitats y el calentamiento global derrite los glaciares y los casquetes polares, aumenta la temperatura del mar y provoca que el océano sea más ácido.

Medusas

La medusa común, con su cuerpo transparente, parece un fantasma del océano. Es uno de los tipos más frecuentes de medusa y vive en las aguas costeras de todo el mundo. Durante un corto período de tiempo, nada libremente con forma de campana, pero pasa la mayor parte de su vida adherida al lecho marino.

Desove

Las medusas se reúnen cerca de la costa para desovar. El macho libera esperma en el agua, y la hembra lo recoge con sus tentáculos bucales y lo lleva a su interior para fecundar los huevos.

Para nadar, la medusa hace entrar y salir agua de su campana y así se impulsa en el agua.

Órganos sexuales

Esperma

Campana

Tentáculos bucales

Medusas jóvenes

La hembra guarda los huevos fecundados en sus tentáculos bucales. Los libera cuando se han convertido en larvas. Cada larva nada batiendo unos diminutos cilios, y vive durante un tiempo entre el plancton microscópico.

Las larvas no son buenas nadadoras, por lo que flotan y van a la deriva como parte del plancton.

Adulta

La medusa es ahora adulta. Pica a sus presas con sus tentáculos y atrae a las víctimas hacia su boca utilizando sus tentáculos bucales. También usa la boca para deshacerse de los residuos no digeridos.

Tentáculos urticantes

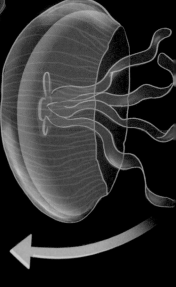

78

El pólipo utiliza sus tentáculos para alcanzar el agua y atrapar a su presa.

Separación

El segmento superior del pólipo se desprende y se aleja nadando como una cría de medusa. Esto continúa hasta que desaparecen todos los segmentos. El pólipo queda en el fondo del mar y sigue viviendo durante dos décadas.

A medida que crece, se parece cada vez más a sus padres.

El cuerpo del pólipo parece ahora una pila de cuencos en miniatura.

Pólipo con tentáculos

Finalmente, la larva se asienta en el fondo marino y se fija a la roca, al coral o a otra superficie sólida. Ahora se llama pólipo y tiene pequeños tentáculos alrededor de la boca en la parte superior.

Nuevas copias

Cuando las condiciones son adecuadas, el pólipo se reproduce asexualmente (sin aparearse) y hace copias de sí mismo. Pierde sus tentáculos, se alarga y se divide en segmentos que serán crías de medusa.

Ver también

Lee sobre otras criaturas del océano, como el pez payaso (106-107) y la estrella de mar (90-91).

La más venenosa

La medusa común no es lo bastante urticante para afectar de manera grave a una persona, pero las picaduras de algunas medusas pueden ser mortales. La de la avispa de mar, por ejemplo, puede matar en pocos minutos a una persona adulta.

Carabela portuguesa

Con sus tentáculos, la carabela portuguesa parece una medusa, pero en realidad es una colonia de pequeños pólipos. Los pólipos están unidos entre sí y realizan distintas tareas en el «cuerpo».

Vida eterna

Una medusa suele vivir solo unos meses. Pero algunas especies son conocidas como medusas inmortales porque pueden volver a convertirse en pólipos y comenzar nuevamente esa etapa de su ciclo vital.

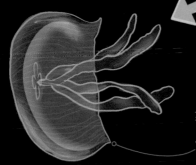

Tremátodo

Los parásitos son criaturas que viven en el cuerpo de otra especie, llamada huésped. Un tremátodo es un tipo de parásito que infecta primero a un caracol de agua dulce, luego a un renacuajo y finalmente a un pájaro. La lombriz se reproduce dos veces durante su ciclo de vida, primero sexualmente, mediante el apareamiento, y luego asexualmente, sin aparearse.

Liberación de huevos

Los tetrápodos adultos se aparean en el intestino del ave, que libera sus huevos fecundados en el agua con sus excrementos.

Dentro del ave

El pájaro digiere el cuerpo de la rana, y libera los parásitos, que se quedan en su intestino. Allí se convierten en adultos, listos para aparearse y volver a empezar el ciclo.

Sin escapatoria

Las ranas con demasiadas o pocas patas no pueden nadar o saltar bien y no pueden huir tan fácilmente de los depredadores. Son presas fáciles para aves como los halcones y las garzas, que las sacan del agua.

Los halcones vuelan a ras de agua y cazan a las ranas indefensas.

Ver también
Si quieres saber más sobre la vida en el agua, echa un vistazo a las cronologías (74-77).

Dentro del renacuajo

Los parásitos se dirigen a los brotes que serán las patas de los renacuajos. Allí, se sellan en bolsas de paredes resistentes llamadas quistes.

Interferencia

Cuando el renacuajo crece para convertirse en rana, los quistes interfieren en el crecimiento de sus patas. Es posible que la rana no tenga todas sus patas o que le salgan otras patas adicionales en ángulos extraños.

El agua deshace los excrementos del ave y los huevos flotan libres.

La larva nada batiendo unos diminutos pelos llamados cilios.

Búsqueda de un nuevo huésped

Los huevos eclosionan en larvas que nadan en busca de un nuevo huésped, ahora un caracol de agua. La larva entra en el cuerpo de este a través de la piel.

Dentro del caracol

La larva adquiere ahora forma de gusano. Se reproduce asexualmente, sin necesidad de fecundar sus huevos. Esto le permite producir cientos o incluso miles de crías por sí sola.

Objetivo: renacuajo

Algunas de las crías se quedan en el caracol para seguir reproduciéndose. Otras, con cola, abandonan el caracol y nadan para infectar al siguiente huésped: un renacuajo.

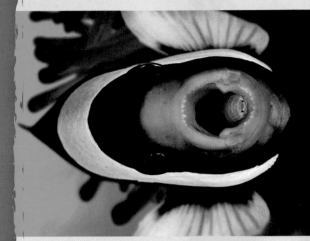

Falsa lengua El *Cymothoa exigua* es un crustáceo parásito que se come la lengua de los peces. Luego se adhiere a la base de la lengua y vive en la boca, donde se alimenta de la sangre y la mucosa del pez.

Comedor de ojos Un crustáceo parásito vive adherido al ojo de un tiburón. Se alimenta del tejido ocular y perjudica su capacidad de ver. Por suerte, el tiburón se basa más en el olfato que en la vista, por lo que puede seguir cazando presas.

Las mareas altas dan a los lentos caracoles más tiempo para aparearse.

Bígaro

La vida del bígaro, que se encuentra a menudo en las rocas y en las charcas de la costa, está muy ligada al ritmo de las mareas. Este caracol marino es un molusco que se alimenta de las algas que crecen en las rocas. Comienza su vida en el plancton, antes de instalarse en la orilla.

Apareamiento en el agua

En primavera, los bígaros se aparean de noche bajo el agua en las mareas altas que se producen cuando hay luna llena o luna nueva. El esperma del macho fertiliza los huevos dentro del cuerpo de la hembra.

La hembra deja un olor en su rastro de baba que atrae a sus parejas.

Huevos en cápsulas

Una hora más tarde, aún bajo el agua de la marea alta, la hembra libera cápsulas con huevos fecundados. Guarda esperma en su cuerpo y continúa liberando huevos en otras mareas de luna llena y luna nueva.

Suele haber dos o tres huevos en cada cápsula.

Las larvas nadan con sus aletas llenas de pelos que oscilan.

Las cápsulas estallan

Las cápsulas con huevos flotan entre el plancton. Absorben agua y se hinchan y, después de varios días, estallan. De los huevos nacen diminutas larvas (crías) que nadan libremente.

Embarazo
La hembra del bígaro no libera huevos, sino que da a luz a crías vivas. Los huevos eclosionan y crecen dentro de ella, en una bolsa especial. Cuando las crías salen, son ya pequeños caracoles marinos formados del todo.

Los dientes más duros

Como los bígaros, las lapas tienen la lengua dentada para alimentarse de las algas. Sus dientes están hechos del material más duro del mundo animal. Dejan rastros de arañazos cuando se desplazan pastando por las rocas.

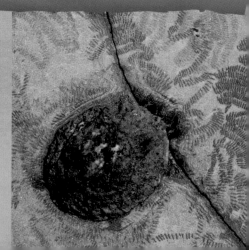

Adulto

En invierno, los bígaros han crecido del todo y podrán reproducirse cuando llegue la primavera. Si no se los comen los pájaros hambrientos, los cangrejos o los peces, pueden vivir entre cinco y diez años.

Su duro caparazón le da cierta protección, pero un cangrejo verde puede romperlo con sus pinzas.

Agarrados

Al cabo de uno o dos meses, las larvas son arrastradas a la orilla por las olas que chocan contra las rocas. Solo sobreviven las que logran adherirse a las rocas con su pie musculoso.

Fuera del agua, en la marea baja, se quedan encerrados en sus caparazones.

Vida entre mareas

Ahora que son lo bastante fuertes para resistir las olas, los bígaros salen de su refugio en las grietas. Respiran por medio de branquias y se arrastran y alimentan bajo el agua en la marea alta.

Raspan el alimento de las rocas sumergidas con su lengua dentada.

Ver también

La vida del bígaro depende de las mareas. Comprende cómo funcionan (48–49).

Las larvas que son arrastradas a las grietas de las rocas son las que tienen más opciones de aferrarse.

Manchas de la marea baja

El tomate de mar (izquierda) es una anémona que vive en la costa. Para evitar que su cuerpo se seque cuando queda expuesto en la marea baja, se hace más pequeño retrayendo sus tentáculos, por lo que parece una mancha de gelatina roja (derecha).

Corta vida Algunos peces tropicales, como el rivulín de manglar, viven muy poco tiempo en las charcas de la temporada de lluvias. Crecen deprisa, se aparean y ponen huevos. En la estación seca, los adultos mueren pero los huevos quedan en el barro seco, listos para eclosionar cuando llueva.

Vida primaveral
La lluvia primaveral llena los estanques y aparecen charcas. Con la humedad y el calor de los días más largos, los huevos enterrados en el barro comienzan a eclosionar.

Pulga de agua

Los charcos y las piscinas que deja la lluvia de primavera suelen estar llenos de pulgas de agua. Esto es porque se reproducen rápidamente. Las hembras no tienen que esperar a encontrar un macho con el que aparearse y al principio se reproducen asexualmente. Solo al llegar los machos, se aparean y reproducen sexualmente.

Artemias Las artemias pueden vivir en lagos con agua diez veces más salada que el mar. Si el agua se vuelve demasiado salada incluso para ellas, las hembras ponen huevos protegidas por una especie de cajas llamadas quistes en las que viven hasta que las lluvias diluyen la salinidad del agua.

Las crías mudan

Todas las pulgas que salen de los huevos son hembras. Una cría de pulga de agua experimenta entre cuatro y seis mudas, cambiando su cubierta dura, o exoesqueleto, por otras cada vez más grandes. Se harán adultas en menos de dos semanas.

Tardígrados Los tardígrados, u osos de agua, son unos microanimales que pueden sobrevivir con muy poca agua secándose en una cáscara llamada túnica y perdiendo hasta el 97 % de su humedad corporal.

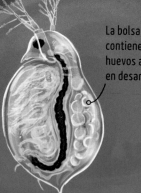

La bolsa de cría contiene los huevos asexuales en desarrollo.

Huevos asexuales

El clima cálido hace florecer las algas, principal alimento de la pulga de agua. La hembra produce huevos asexuales que pueden eclosionar sin ser fecundados. Almacena los huevos en una parte de su cuerpo llamada bolsa de cría.

Sobrevivir al invierno

La caja de huevos queda en el barro al evaporarse el agua. La hembra muere, pero sus huevos sobreviven al frío invierno en el barro. En primavera eclosionarán en una nueva generación.

Huevos durmientes

Los huevos fecundados quedan en el interior de la hembra en un estuche de cáscara dura en la bolsa de cría. Durante la siguiente muda de la hembra, la caja de huevos se libera en el agua.

La caja de huevos forma parte del exoesqueleto de la pulga de agua.

Ver también

Lee cómo las ranas arbóreas (116-117) de Australia sobreviven en un mundo cada vez más seco.

Apareamiento otoñal

Al llegar el otoño, los estanques se reducen, las charcas empiezan a secarse, el alimento escasea y hace más frío. La hembra produce huevos sexuales y se aparea con los machos para fecundarlos.

Algunas pulgas de agua hembras se convierten en machos para poder aparearse.

La hembra da a luz a las crías tras eclosionar los huevos en su bolsa de cría.

Crías de verano

Los huevos eclosionan en la bolsa de cría al cabo de un día. Las crías permanecen dentro de su madre dos o tres días antes de que esta las libere en el agua. Al igual que los nacidos en primavera, las crías de verano son todas hembras, pero unas pocas se convertirán más tarde en machos.

Huevos protegidos

Una vez fecundados, la hembra guarda los huevos bajo su cuerpo y los protege durante unos diez días hasta que eclosionan. Remueve el agua con sus patas traseras para que fluya sobre los huevos. Una vez que los huevos han eclosionado, deja que las crías se espabilen solas.

Larvas

Los huevos eclosionan en pequeñas larvas llamadas zoea, que no se parecen a los cangrejos adultos. Van a la deriva mezcladas con el plancton. Muchas serán devoradas por animales más grandes.

Ver también
Conoce cómo los seres vivos sobreviven en el agua (70-71).

Larvas más grandes

Las larvas de zoea que sobreviven se convierten en una etapa larval más grande llamada megalopa.

Cangrejo araña

El cangrejo araña gigante es el cangrejo con las patas más largas, con 4 m de ancho. Vive en las aguas del mar de Japón, a unos 200 m de profundidad.

Reunión

El macho le pasa a la hembra el esperma con sus pinzas. La hembra produce hasta 1,5 millones de huevos, pero solo unos pocos sobreviven y llegan a adultos.

Traslado para aparearse

En primavera, cuando están listos para aparearse, se desplazan desde aguas profundas hasta zonas más superficiales, a unos 50 m de profundidad.

Cría joven

Finalmente, las larvas comienzan a parecerse más a los cangrejos adultos. Crecen por etapas. Cada vez que el cangrejo es demasiado grande para su caparazón, se retuerce para salir de él y espera a que el nuevo caparazón se endurezca. Esta etapa es peligrosa, pues sin su caparazón son presa fácil para los depredadores.

Los cangrejos más pequeños se alimentan de detritus y algas, y solo los adultos, más grandes, tienen la fuerza para alimentarse de animales como los moluscos de caparazón duro.

Cangrejo adulto

Las patas del cangrejo siguen creciendo durante toda su vida. Viven más de cincuenta años, aunque algunos científicos afirman que pueden llegar a los cien.

Megacangrejos

El agua ayuda a soportar el peso corporal. Esto significa que algunos cangrejos pueden crecer mucho más de lo que podrían hacerlo en tierra. El cangrejo gigante de Tasmania pesa hasta 17,6 kg.

Crías acuáticas

La mayoría de los cangrejos comienzan su vida en el agua. Esto significa que incluso los cangrejos terrestres, como el cangrejo rojo de la isla de Navidad, deben entrar en el agua para desovar, a riesgo de ahogarse.

Cangrejos decoradores

Utilizan cualquier cosa que encuentren para decorar su cuerpo, incluyendo algas, corales y esponjas. Así son más difíciles de detectar para los depredadores.

Efímera

En verano, las efímeras pululan por los arroyos, ríos y lagos de Norteamérica. Son insectos que pasan casi toda su vida bajo el agua y que emergen brevemente como adultos voladores. Los adultos tienen piezas bucales inoperantes y no pueden alimentarse, por lo que duran poco tiempo —entre minutos y días, según la especie—, durante el cual deben aparearse.

Baile de cortejo

Los machos pululan sobre el agua, sobre todo al atardecer. Bailan en el aire para atraer a las hembras. Las hembras más grandes entran en el enjambre y se aparean con los machos en vuelo.

Tras el apareamiento y la puesta, mueren. Sus cuerpos quedan sobre el agua.

Puesta

Tras aparearse, la hembra pone en el agua hasta 8000 huevos fecundados, que se hunden en el fondo o, gracias a su recubrimiento pegajoso, se adhieren a piedras o plantas acuáticas.

Eclosión

La efímera sale del huevo siendo una larva o ninfa. Se instala en una madriguera en forma de U que hace en el barro. La ninfa respira por medio de branquias y se alimenta de algas y material en descomposición.

Ver también

Lee sobre el tritón del este (114-115), que también pasa parte de su vida bajo el agua y parte fuera de ella.

La ninfa es como un adulto no volador. Sus alas en desarrollo están ocultas bajo los élitros de su espalda.

La ninfa pasa la mayor parte del tiempo en su madriguera, pero a veces sale de noche.

No puede volar hasta que su cuerpo y sus alas se hayan secado y endurecido.

El estadio final

El adulto sale volando y se instala en una planta o en un árbol junto al agua. Todavía no está preparado para aparearse. Al día siguiente, muda por última vez y entra en su última etapa de vida: un adulto reproductor.

Sale del agua

Tras uno o dos años viviendo bajo el agua, la ninfa sube a la superficie, donde su piel se abre para dejar salir a un adulto volador. Descansa en el agua hasta que sus alas se secan.

En crecimiento

En lugar de piel, la ninfa de la mosca de mayo tiene una cubierta dura llamada exoesqueleto. Para crecer, debe mudar su exoesqueleto con regularidad, quizá hasta 30 veces.

Nube de efímeras A veces, millones de efímeras invaden las ciudades y pueblos ribereños, atraídas por las luces de la noche. Lo cubren todo, y en ocasiones se necesitan quitanieves para limpiar carreteras y puentes.

Escarabajo buceador Hay insectos acuáticos, como los escarabajos buceadores, que siguen viviendo en el agua al hacerse adultos. Al bucear, respiran el aire que recogen bajo sus élitros. Pueden volar para encontrar nuevos estanques o arroyos para vivir.

Patinador de mar Algunos insectos habitan en la orilla del mar, pero el único verdaderamente oceánico es el halobates o patinador de mar. Pariente de los patinadores de estanque, se desliza por el agua en busca de algas.

Estrella de mar

Cubierta de espinas venenosas, la estrella de mar corona de espinas está a salvo de la mayoría de los depredadores. Se alimenta de los corales de los arrecifes tropicales: se come los pólipos y deja los esqueletos. Como otras estrellas de mar, los pepinos de mar y los erizos de mar, es un animal del grupo de los equinodermos.

Desove

En los meses de verano, la hembra expulsa al agua un gran número de huevos. Al mismo tiempo, el macho libera espermatozoides, que nadan hacia los huevos y los fecundan.

Huevos flotantes

Los huevos fecundados flotan entre el plancton. Las larvas salen de los huevos pasado un día.

Una hembra grande produce hasta 60 millones de huevos al año.

Larvas a la deriva

Las larvas se alimentan de algas microscópicas llamadas fitoplancton. No son muy buenas nadadoras, así que suelen ir a la deriva con la corriente y terminan instaladas en el fondo.

Pastos de algas

En los primeros seis meses, la cría se alimenta por la noche de las algas que crecen en el arrecife de coral. Se desplaza con los pies tubulares que tiene en la parte inferior de los brazos.

Al principio, solo tiene cinco gruesos brazos, pero pronto le crecen más.

Fijación

Las larvas se adhieren a una superficie dura, como una roca o un coral, con su pedúnculo pegajoso. El tallo se rompe y libera a la cría de estrella de mar.

Estrella de mar adulta

Pasados dos años, la estrella de mar es mucho más grande y ya está lista para reproducirse. Pero seguirá creciendo aún dos años más. Recorre largas distancias por el arrecife en busca de alimento.

Ver también
Descubre los tritones (114-115), que también pueden regenerar una extremidad perdida.

Un adulto grande tiene hasta 20 brazos que salen de su cuerpo en forma de disco.

La estrella de mar saca su estómago por la boca para cubrir a su presa y digerir la carne.

Comedora de coral

Hasta ahora, la joven estrella de mar ha crecido lentamente con su dieta de algas. Cuando empieza a alimentarse de pólipos de coral, crece más deprisa y desarrolla también muchos más brazos.

Pepino de mar

La piel del pepino de mar es más suave que la de muchos otros equinodermos. Utiliza sus patas tubulares para arrastrarse por el fondo del océano en busca de comida.

Un nuevo cuerpo

Λ la mayoría de las estrellas de mar puede crecerles un nuevo brazo si lo pierden. En algunas especies, un brazo puede convertirse en una estrella de mar nueva. En esta imagen, un cuerpo completo ha crecido a partir de un brazo perdido.

Predadores

Pocos predadores pueden enfrentarse a una estrella de mar de corona de espinas. El caracol tritón gigante le inyecta un veneno que la paraliza, destroza las espinas con su lengua dentada y se la come.

Manatí

Muy grande para que lo molesten los caimanes, cocodrilos o tiburones, el manatí antillano no tiene predadores naturales, salvo el hombre. Este mamífero vive tanto en las costas como en ríos de agua dulce. Nada lentamente propulsado por su cola y utiliza sus aletas para «caminar» por el fondo mientras se alimenta de plantas acuáticas.

Crecido

Después de dos años con su madre, el joven manatí se independiza. Dentro de unos años, cuando mida más de 3 m y esté bien desarrollado, estará listo para reproducirse.

Los machos intentan abrazarla y besarle la espalda para lograr su aprobación.

Cortejo

Cuando una hembra está lista para reproducirse, genera un olor que atrae a los machos. Varios de ellos acuden y la siguen, dándose empujones para intentar acercarse todo lo que puedan.

La madre a veces acuna a la cría entre sus aletas o deja que suba a su espalda.

Nace una cría

Nace una sola cría de color oscuro, de 1,2 m de largo. La madre la ayuda a salir a la superficie para que haga sus primeras respiraciones. En pocas horas, es capaz de nadar y salir a la superficie por sí misma.

Apareamiento

La hembra elige a uno de los machos y se aparea. También puede aparearse con otros machos. Al cabo de un año, encuentra un lugar tranquilo y protegido para dar a luz.

Dugongo Parientes cercanos de los manatíes, los dugongos son mamíferos marinos herbívoros (se alimentan de plantas). Los dugongos viven en aguas costeras poco profundas del mar Rojo, el océano Índico y el Pacífico.

Praderas submarinas

Las hierbas marinas son de las pocas plantas que pueden crecer en el mar. Praderas como esta en Belice proporcionan alimento a los herbívoros marinos y refugio a las crías de peces y otros animales vulnerables.

Los manatíes pueden pastar hasta *siete horas* al día y **comer** más de 100 kg de alimento.

Hora de pastar

Los manatíes cierran sus fosas nasales y se sumergen para pastar en las plantas submarinas. Arrancan las hojas con el labio superior y hurgan en la arena o el barro en busca de tallos y raíces. Salen a la superficie a respirar cada pocos minutos.

Ver también
Conoce a otro gran mamífero acuático, el elefante marino del norte (96-97).

Digerir las plantas produce mucho gas. Almacenándolo o liberándolo, el manatí controla su flotabilidad.

Las cerdas del hocico le ayudan a encontrar comida en las aguas turbias.

Reuniones sociales

La madre y la cría pasan la mayor parte del tiempo solas. A veces se reúnen brevemente con otros manatíes, sobre todo cuando hay mucha comida. Hay muchas caricias y juegos entre los miembros del grupo.

Las algas suelen crecer en el lomo de los manatíes.

Primeros días

Como todo mamífero, la cría se alimenta de la leche materna. Al cabo de unas semanas, ya mordisquea plantas, pero sigue mamando. Las caricias y los chillidos refuerzan el vínculo entre la madre y la cría.

La cría bebe de las mamas bajo la aleta de su madre.

Visitante reptil Las tortugas verdes, como esta de la costa de Egipto, son visitantes habituales de las praderas submarinas. Los adultos son herbívoros y trituran hierbas y algas con sus mandíbulas. Cuando son jóvenes, también comen gusanos, medusas y cangrejos.

Orca

Aunque a veces se les llama ballenas asesinàs, las orcas en realidad no son ballenas. Son el tipo de delfín más grande y uno de los cazadores más poderosos del mar. Son fáciles de reconocer por sus marcas blancas y negras. Se organizan en grupos complejos e incluso han desarrollado sus propios dialectos y culturas en distintas partes del mundo.

Criaturas sociales

Las orcas se mantienen unidas en grupos familiares de menos de 10 miembros, llamados matrilineales, dirigidos por una hembra dominante. A veces se reúnen hasta tres matrilíneas en grupos más grandes llamados pods. Varias manadas de orcas con el mismo dialecto forman un clan aún mayor.

Cuidar a los jóvenes

Tras una gestación de 15-18 meses, la hembra da a luz a una sola cría. La hembra amamanta a su cría con leche hasta que cumple dos años. Las orcas cuidan mucho de sus crías, y las madres suelen ser ayudadas por otras hembras de la matrilínea.

Crianza

Los miembros de una manada nadan y cazan juntos, y se comunican con sonidos distintivos propios. En la época de reproducción, los machos dejan su matrilínea para aparearse con hembras de otras manadas.

Morsa Las morsas se encuentran en el Ártico, donde viven en manadas, y se tumban en el hielo a centenares. De carácter sociable, resoplan y se comunican entre ellas con bramidos, aunque los machos se pelean durante la época de apareamiento.

Ver también
Lee sobre otras criaturas oceánicas, como el elefante marino del norte (96-97) y el tiburón tigre de arena (100-101).

Las orcas están al acecho para atrapar a la foca cuando salga del hielo.

Caza de focas

Algunas orcas que viven en la Antártida colaboran para capturar focas en las placas de hielo. En primer lugar, sacan la cabeza del agua para detectar a su presa. Luego nadan en grupo bajo el hielo, formando una enorme ola que arrastra a la foca al mar.

Golpean la superficie del agua con la cola para enviar mensajes; las ondas sonoras viajan bajo el agua.

En el mar de Noruega, capturan los peces apretándolos en una bola que golpean con sus colas para aturdirlos o matarlos. Es la «alimentación en carrusel».

Trabajo en equipo

Las orcas son unos de los animales más inteligentes. Aprenden rápido y transmiten sus conocimientos a otros miembros de la manada. Esto les permite trabajar juntos para encontrar nuevas formas de capturar presas.

Sonido

Se comunican entre sí mediante silbidos, chasquidos y gritos. Las orcas del mismo clan comparten dialecto. Utilizan el sonido para encontrar su camino y localizar a sus presas.

Ballena jorobada

Las ballenas jorobadas se agrupan en vainas. Se comunican entre ellas a largas distancias mediante «canciones», una serie de gritos, aullidos y gemidos. Las crías también susurran a sus madres.

Nutrias marinas
En la costa del Pacífico de Norteamérica, las nutrias marinas viven en grupos, llamados balsas. Para dormir, flotan de espaldas, ancladas con algas. Las hembras también amamantan a sus crías de esta manera.

Lucha por criar

Los machos adultos llegan a tierra en diciembre y pasan un mes luchando por el control. Estas luchas pueden durar horas, y los perdedores pueden quedar muy heridos. Los machos más grandes se aparean con hasta 150 hembras y engendran un gran número de crías.

Nuevas crías

Al llegar a tierra en enero, las hembras están embarazadas de unos 11 meses. Las crías nacen unos días después. Sus madres las alimentan con leche durante unos 26 días; luego las abandonan y vuelven al mar.

Las crías permanecen en tierra durante unos dos meses. Solo practican el nado por la noche, cuando hay menos peligro.

Elefante marino

Los elefantes marinos del norte pasan la mayor parte de su vida en el mar, y buena parte del tiempo bajo el agua. Se sumergen en el océano en busca de alimento y aguantan la respiración durante mucho tiempo. Estas focas solo van a la tierra dos veces al año, para reproducirse y mudar de piel. Cada viaje entre la tierra y el mar puede ser de unos 5000 km.

Novedades de otoño

A finales de septiembre, antes del inicio de la temporada de cría, llegan a las playas focas jóvenes, que aún no están listas para criar.

Ver también

Conoce otros animales del mar que recorren distancias enormes, como la anguila europea (102-103).

En un año, estas focas recorren unos 20 000 km. Es una de las migraciones más largas entre los mamíferos.

Comen principalmente calamares y peces, incluso tiburones y rayas.

Caminos separados

Cuando abandonan sus playas de cría en California, las focas adultas se adentran en el Pacífico para alimentarse. Los machos nadan unos 5000 km hacia el norte, hacia el golfo de Alaska. Las hembras se quedan más al sur que los machos y se dirigen unos 4500 km hacia el Pacífico central norte.

Golfo de Alaska

Zona de los machos

Zona de las hembras

América del Norte

Océano Pacífico

Los machos y las hembras mudan en diferentes épocas del año, igual que las focas de distintas edades.

Muda

Los elefantes marinos del norte mudan su pelaje una vez al año. Para ello, nadan hasta la costa durante unas dos semanas entre marzo y julio. Esperan en la playa mientras el pelaje se les desprende por capas.

De vuelta al mar

Una vez que han mudado de piel, regresan a sus zonas de alimentación separadas en el Pacífico. En el océano, pasan gran parte de su tiempo bajo el agua. Pueden aguantar la respiración hasta una hora y sumergirse hasta 1600 m bajo el agua.

Ballenato de Cuvier Estas ballenas se sumergen a más profundidad y durante más tiempo que cualquier otro mamífero. Sus inmersiones pueden durar más de dos horas y llegar hasta los 2990 m.

Aves marinas Algunas especies de aves, como los albatros, pasan la mayor parte de su vida en el mar y solo visitan tierra firme una vez al año para anidar.

Ballena jorobada Las ballenas jorobadas tienen una de las rutas migratorias más largas. Pasan el verano reproduciéndose en aguas tropicales cálidas y el invierno alimentándose en las regiones polares. El viaje puede ser de hasta 8000 km en cada sentido.

Mérgulo

Pocas aves marinas abandonan sus nidos tan pronto como los polluelos de mérgulo. Estas aves se lanzan al mar antes de poder volar, y antes incluso de haber comido por primera vez. Comienzan su vida en las colonias de anidación en los bosques de las frías costas del norte, pero sus padres los crían completamente en el mar.

Época de anidar

En una noche de primavera, tras el apareamiento, una pareja excava una madriguera. Al final hacen una cámara para el nido y la forran con hierba, ramas y hojas. Aquí, la hembra pone dos huevos.

Las madrigueras se excavan bajo raíces, troncos o hierba.

Incubación

Los padres se turnan para incubar los huevos para que estén calientes mientras se desarrollan. Uno se sienta sobre ellos durante unos días mientras el otro se alimenta en el mar, y luego se cambian.

Se turnan por la noche: cuando un progenitor llega, el otro sale volando.

Ver también

Descubre cómo la ganga cuida de sus polluelos recogiendo agua (64-65) para que beban.

Polluelos paracaidistas

Igual que los polluelos de mérgulo, las crías de alca no saben volar cuando se lanzan al mar. Lo hacen desde su nido del acantilado como si se lanzaran al agua en paracaídas.

Listos para volar

Los polluelos de frailecillo son alimentados en su nido mientras les crecen las plumas de vuelo. Cuando salen, las crías vuelan directamente al mar, listas para vivir en el océano sin la ayuda de sus padres.

Reunión familiar

Los polluelos y los padres se reconocen por sus llamadas y la familia se reúne. Se alejan nadando y al amanecer ya están lejos de tierra. Ahora, en aguas más seguras, los polluelos son alimentados por fin por sus padres. Se separarán cuando puedan valerse por sí mismos.

Los mérgulos jóvenes están con sus padres durante unas cuatro semanas y aprenden a capturar pequeños peces y krill.

Invierno en el mar

Las aves pasan el invierno en el mar o se van a lugares más cálidos. Los padres volverán a la colonia en primavera para criar de nuevo. Al cabo de dos años, los jóvenes mérgulos estarán listos para criar sus propios polluelos.

Hora de dejar la madriguera

El bosque cobra vida cuando las crías se apresuran a buscar a sus padres.

Los polluelos nacen pasadas cuatro semanas, pero los padres no los alimentan. Tras un par de días, llaman a las crías para que salgan de la madriguera y vuelan hacia el mar. Los polluelos salen y siguen las llamadas de sus padres.

¡Al agua!

Los hambrientos polluelos, que no vuelan, corren hacia la orilla pasando sobre las piedras, las raíces de los árboles y cualquier otro obstáculo. Se echan al mar y nadan hacia sus padres todo lo rápido que pueden.

Los polluelos reman con las patas y emplean las alas para nadar bajo el agua.

Aletas de pingüino Los pingüinos nadan bajo el agua igual que los mérgulos: con sus alas. Las alas de los pingüinos, que parecen aletas, los convierten en grandes buceadores, pero son tan cortas y rígidas que no les permiten volar.

Tiburón

El tiburón tigre vive en las costas arenosas y en los arrecifes rocosos de los océanos Atlántico, Pacífico e Índico. Se refugia durante el día y caza por la noche. Puede llenar su estómago con el aire que traga al subir a la superficie, lo que le permite flotar en el agua en busca de presas.

Suele aparearse entre agosto y octubre.

Apareamiento

El tiburón tigre suele vivir y cazar en solitario, pero se reúne en pequeños grupos cerca de la costa para aparearse. Las hembras se quedan allí después, mientras que los machos marchan a otro lugar para alimentarse.

Pequeños caníbales

Las hembras tienen dos úteros, en los que eclosionan los huevos fecundados. Al cabo de unos cinco meses, la cría más grande y fuerte de cada útero se come a las demás, por lo que solo sobreviven dos crías.

Cuando la cría más fuerte de cada útero alcanza unos 17 cm de longitud, se come a sus hermanos.

Los tiburones blancos pueden cazar a los tiburones tigre, más pequeños.

Ver también
Conoce el rape abisal (108-109), otro depredador de dientes afilados.

Crías grandes

Tras una gestación de 8 a 12 meses, la hembra da a luz a sus dos crías. Estas miden alrededor de 1 m, y su tamaño les ayuda a sobrevivir, pues pocos depredadores, salvo otros tiburones, se atreven a atacarlas.

Huevos protegidos
Muchas especies ponen huevos y no dan a luz a crías vivas. Los huevos están protegidos por estuches hasta que eclosionan. Los del tiburón cornudo tienen forma espiral y la madre los introduce en las grietas de las rocas para resguardarlos.

Bolsos de sirena
Algunos estuches de huevos son rectangulares con zarcillos rizados para enroscarse en las algas. Se conocen como «bolsos de sirena» por su forma.

Los científicos han descubierto que los barcos naufragados son importantes lugares de descanso para los tiburones tigre durante su migración.

Los tiburones tigre están amenazados por la sobrepesca. Hay una gran demanda de sus aletas, carne y aceite.

Viajeros oceánicos

En invierno, los tiburones tigre migran a aguas más cálidas, donde se aparean y dan a luz. Los tiburones de la misma edad y sexo migran juntos. Regresan al mismo lugar en la misma época cada año. Su viaje anual de ida y vuelta puede cubrir más de 3000 km.

Los tiburones encuentran su comida con el olfato y el oído, y detectan las señales eléctricas de sus presas.

Vida adulta

Las hembras crecen más que los machos y llegan a medir hasta 3 m. Los científicos creen que estos tiburones pueden vivir hasta 15 años. No son agresivos con los humanos a menos que se sientan amenazados.

Pez luna Los tiburones producen unas pocas crías cada vez. Otros tipos de peces ponen muchos huevos para que al menos algunos sobrevivan y se conviertan en adultos. El pez luna tiene el récord: las hembras pueden poner 300 millones de huevos a la vez.

Crías rayadas Las crías de tiburón pueden tener un aspecto muy diferente al de los adultos. Al nacer, el tiburón cebra es marrón oscuro con rayas entre blancas y amarillas. Al crecer, se vuelve marrón claro con pequeñas manchas oscuras.

Vagabundos del mar

Llevados por la corriente, los huevos van hacia el este a la deriva a través del Atlántico. Durante el trayecto se convierten en larvas. Es un viaje peligroso, ya que los huevos y las larvas son el alimento de muchos animales del océano.

Las larvas tienen el cuerpo ancho y en forma de hoja, y la cabeza pequeña.

Las angulas miden unos 6 cm de largo.

Final del trayecto

Tras ir a la deriva durante meses o años, las larvas llegan a Europa. Ahora tienen un cuerpo cilíndrico y transparente, como de cristal.

Desove en aguas profundas

En primavera, las anguilas europeas se reúnen para desovar en la profundidad del océano. Liberan huevos y esperma en el agua y luego mueren. Los huevos fecundados flotan hacia la superficie.

Ver también
Conoce otras criaturas que también migran y descubre el viaje del elefante marino (96-97).

Océano Atlántico

América del Norte

Mar de los Sargazos

Anguila

La anguila europea comienza y termina su vida en el mar de los Sargazos, en el océano Atlántico occidental, pero pasa la mayor parte de su vida a miles de kilómetros de distancia, en los ríos, arroyos y lagos de Europa. Su vida incluye dos grandes migraciones y muchos cambios.

Zooplancton Para los diminutos animales oceánicos del zooplancton, la migración es una actividad diaria. Tras ponerse el Sol, suben a la superficie para alimentarse con seguridad en la oscuridad. Para evitar a los depredadores de la superficie, vuelven a las profundidades al amanecer.

Río arriba

Las angulas pueden trepar por presas y cascadas rocosas en busca de un hogar.

Se abren paso en la desembocadura de los ríos y nadan río arriba. Adquieren un color más oscuro que las oculta de los depredadores en las aguas turbias. En esta etapa se las conoce como angulas.

Anguila amarilla

La anguila europea se va volviendo amarilla al crecer. De día, se esconde en madrigueras, bajo las piedras o en las grietas de las rocas. Por la noche, captura peces, moluscos, crustáceos y larvas de insectos. Vive así hasta 20 años.

Las nutrias, las aves, como las garzas, y los peces grandes comen anguilas.

Europa

África

Hora de volver

Cuando la anguila ha alcanzado su máximo crecimiento –las hembras más grandes pueden alcanzar hasta 1 m de longitud– se vuelve plateada. Se dirige entonces río abajo hacia el océano y nada hacia el oeste a través del Atlántico hasta el mar de los Sargazos. El viaje, de 5000 km, puede durar todo un año.

Ballena gris Las ballenas grises del Pacífico protagonizan unas de las migraciones más largas. Cada año nadan hasta 22 000 km en un viaje de ida y vuelta entre sus zonas de alimentación cerca del Ártico y las lagunas de la costa de México, donde se reproducen.

Langosta espinosa No todas las migraciones oceánicas se hacen nadando. En otoño, las langostas espinosas del Caribe migran desde las aguas poco profundas hasta otras más cálidas. Marchan por el lecho marino en una larga fila de hasta 50 langostas.

Tetra saltador

El tetra saltador sudamericano tiene la particularidad de poner sus huevos fuera del agua, quizá para mantenerlos alejados de los depredadores submarinos. Los pone en hojas que cuelgan sobre el agua y es el macho quien los cuida para que no se sequen.

Ver también
Descubre cómo las orcas (94-95) cuidan de sus crías.

La hembra vuelve primero al agua, y la sigue el macho.

El macho debe encontrar un lugar donde las hojas cuelguen a una altura a la que pueda llegar de un salto.

Salto desde el agua

Cuando llega una hembra, la pareja salta del agua al envés de la hoja. La hembra pone entre seis y ocho huevos y el macho los fecunda. Permanecen en la hoja unos segundos y repiten el proceso hasta que la hembra ha puesto unos 200 huevos.

El lugar adecuado

El tetra saltador macho busca un lugar junto a la orilla en el que sobresalgan plantas con hojas. Cuando lo encuentra, se exhibe, para atraer a una hembra.

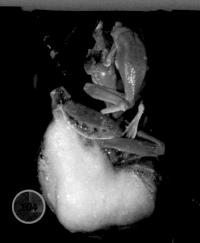

Nido de espuma

Las ranas arborícolas hacen nidos de espuma para que sus huevos se mantengan húmedos fuera del agua. Al eclosionar, los renacuajos caen en un charco de agua debajo del nido.

Bocón Algunos peces, como el bocón macho, cuidan de sus huevos manteniéndolos en la boca mientras estos se desarrollan. No pueden comer hasta que los huevos hayan eclosionado.

Los pequeños huevos deben estar siempre húmedos. Si se secan, los peces en desarrollo de su interior morirán.

Las crías se hacen adultas y desarrollan vistosas aletas para atraer a sus parejas.

Cuidado de los huevos

Una vez puestos los huevos, la hembra se aleja y el macho se queda cerca. Chapotea en el agua con su cola para que el agua salpique los huevos y los mantenga húmedos.

*Los tetras saltadores crecen hasta **7 cm** de longitud y viven durante unos **tres años.***

¡Al agua!

Al cabo de dos o tres días los huevos eclosionan y las crías caen al agua.

Los tetras saltadores se convierten en adultos en el agua. Para intentar evitar ser comidos se esconden en las hojas bajo el agua.

Nacidas en la tierra

Algunos animales acuáticos comienzan su vida en tierra firme antes de zambullirse. Las tortugas nacen de huevos de cáscara dura que se entierran en un nido en la playa. Después de salir del cascarón, se desentierran por sí mismas antes de meterse en el mar.

Primeros días

Al cabo de una semana, los huevos eclosionan. Las larvas que salen de ellos son todas machos. Suben a la superficie y allí pasan hasta dos semanas creciendo y desarrollándose entre el plancton.

Las larvas de pez payaso van adquiriendo su colorido al crecer.

Cuidando de los huevos

El macho abanica los huevos con sus aletas y se come los huevos no fecundados o que han sido dañados por los hongos. La hembra se mantiene cerca, en guardia y lista para defenderlos de los depredadores.

Pez payaso

Los peces pequeños que viven en los arrecifes coralinos tropicales necesitan evitar a los depredadores. El pez payaso común encuentra protección entre los tentáculos urticantes de una anémona y nunca se aleja de ella.

La hembra fija a la roca entre 100 y 1000 huevos con unos hilos pegajosos.

La hembra intenta ahuyentar a los ladrones de huevos.

Los ofiuras a veces atacan los huevos de los peces payaso por la noche.

Puesta de huevos

Un pez payaso común macho limpia un trozo de roca junto a la anémona en la que vive. Corteja a la hembra estirando sus aletas, mordisqueándola y persiguiéndola. Ella pone sus huevos en la roca y él los fecunda con su esperma.

Vida en común Este camarón limpiador vive en la guarida de una feroz morena, que lo mantiene a salvo de los depredadores. A cambio, el camarón retira la piel muerta y los parásitos de su cuerpo y entra en su boca para limpiar la comida de sus dientes y mandíbulas.

Pez ángel emperador Unas 500 especies de peces cambian de sexo o tienen a la vez órganos masculinos y femeninos. La mayoría, como el pez ángel emperador, pasa de hembra a macho, en lugar de macho a hembra como el pez payaso. Los peces ángel jóvenes tienen colores distintos a los adultos.

Buscar casa

Cuando una larva es ya un alevín de pez payaso, vuelve al arrecife para buscar una anémona en la que instalarse. Se une a un grupo formado por una hembra y un macho reproductores, y varios machos alevines no reproductores.

El cuerpo del pez payaso está recubierto de una mucosa que lo protege de las picaduras de la anémona.

La hembra es el pez más grande y dominante del grupo.

Vivir en una anémona

Incluso cuando salen a buscar comida, los peces payaso evitan alejarse de casa. Mantienen su anémona libre de parásitos y remueven el agua con sus aletas para que se renueve. La anémona también recibe los restos de comida que dejan los peces.

La hembra ahuyenta a los depredadores, como los peces mariposa, que intentan comerse los tentáculos de la anémona.

Ver también
Conoce mejor la vida en el arrecife de coral en las páginas sobre la estrella de mar (90-91).

El cuerpo del alevín más grande cambia para poder reproducirse como un macho adulto.

Cambio de sexo

Si la hembra muere, su pareja reproductora macho se transforma en hembra y asume el papel de defender su hogar y poner huevos. El mayor de los machos jóvenes ocupa su lugar y se reproduce con la nueva hembra.

Rivulín de manglar El rivulín de manglar no necesita encontrar pareja ni cambiar de sexo, porque puede reproducirse por sí mismo. Es hermafrodita, lo que significa que tiene órganos sexuales masculinos y femeninos y puede fecundar sus propios huevos.

Armas defensivas El cangrejo pompón o boxeador lleva pequeñas anémonas en sus pinzas. Las agita ante los posibles atacantes, que retroceden para evitar sus tentáculos urticantes. Las anémonas, por su parte, consiguen comer bocados de la comida del cangrejo.

Rape abisal

Buscar comida es un reto para los animales de las profundidades oscuras del océano. Por ello, el rape abisal sale a por su cena agitando una brillante «linterna». Las presas, curiosas, se acercan atraídas por la luz y son capturadas por sus enormes mandíbulas llenas de afilados dientes.

Alevines

Los huevos del rape eclosionan en la superficie del océano. Los jóvenes rapes, llamados alevines, se alimentan de plancton mientras crecen. Cuando son lo bastante grandes, nadan hacia las oscuras profundidades.

Juntos para siempre

En algunas especies de rape, tras aparearse, el macho no suelta a la hembra. Su cuerpo se fusiona con el de ella, que le proporciona alimento, y él siempre está ahí para fecundar sus huevos.

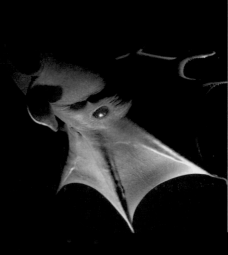

Rojo invisible El calamar vampiro, como muchos otros animales de las profundidades, es de color rojo. Esto lo hace invisible para la mayoría de las criaturas de las profundidades, cuyos ojos solo pueden ver el azul.

Depredador lento

En las aguas profundas, turbias y heladas, el rape abisal vive solo. Nada con demasiada lentitud y torpeza para perseguir a sus presas. En lugar de ello, tiende una emboscada a los peces que se acercan lo bastante para agarrarlos.

Señuelo

Solo las hembras tienen una linterna para atraer a sus presas. En ella se instalan millones de bacterias productoras de luz. A cambio de hacerla brillar, el rape les suministra nutrientes.

Nada con movimiento oscilante y con las mandíbulas abiertas.

Su linterna se asienta en su larga espina dorsal y se mueve de un lado a otro.

Camarones a la defensiva

Algunos animales del fondo del océano utilizan destellos o ráfagas de luz para defenderse. Incluso hay camarones que lanzan un chorro de líquido azul brillante en el agua para asustar a los depredadores y tener tiempo para escapar.

Océano brillante

Como las bacterias de la linterna del rape, algunas algas diminutas llamadas fitoplancton también pueden utilizar sustancias químicas para crear luz. Hacen que el mar brille como un cielo estrellado.

Ver también

Descubre qué animales sobreviven a las distintas profundidades del océano (72-73).

Gran boca, grandes bocados

Como la comida es escasa, la hembra del rape tiene que comer todo lo que puede. Su mandíbula inferior se abre para tragar enteras a sus víctimas, y su estómago se dilata para albergar presas de gran tamaño.

Mordisco

Con sus dientes, el macho se aferra al cuerpo de la hembra. Mientras ella pone sus huevos en el agua, él libera esperma para fecundarlos. Los huevos suben a la superficie.

Tras aparearse, el macho nada en busca de otras hembras.

Los grandes ojos y fosas nasales del macho le ayudan a encontrar pareja.

A la espera de pareja

La hembra debe esperar a que su pareja la encuentre en la oscuridad. El pequeño macho tiene un excelente sentido del olfato que le permite captar y seguir su aroma. Finalmente, descubre su brillante señuelo.

109

Ictiosaurio

Los ictiosaurios eran reptiles marinos que aparecieron al inicio del Mesozoico (hace 252 millones de años). Había muchas especies, con longitudes entre 1 y 20 m. Las más grandes eran los principales depredadores en sus hábitats marinos. Desaparecieron hace unos 90 millones de años, por razones desconocidas.

Gestación

Se sabe poco sobre cómo se apareaban los ictiosaurios, aunque tenemos muchos fósiles de hembras embarazadas. A partir de ellos, podemos ver que no ponían huevos, sino que las crías se desarrollaban dentro de su madre.

Los fósiles de ictiosaurios gestantes tienen entre 1 y 11 crías.

Crecimiento

Estos depredadores crecían rápidamente. Los jóvenes probablemente permanecían en aguas poco profundas, donde estaban seguros. Al llegar a ser adultos bajaban a las profundidades.

Nacimiento

Se cree que los ictiosaurios solían nacer de cola, con lo que se reducía la posibilidad de que el recién nacido se ahogara antes de separarse de su madre. Pero, como las ballenas y los delfines actuales, a veces también nacían de cabeza.

Los belemnites, parecidos a los calamares, y los amonites con un caparazón en espiral, eran el alimento favorito de muchas especies de ictiosaurios.

En las profundidades

Lo más probable es que los ictiosaurios adultos cazaran valiéndose de su excelente vista para detectar a sus presas. Algunas especies tenían ojos excepcionalmente grandes, con los que se adentraban en aguas oscuras para encontrar comida.

Mantener el calor

Estaban bien adaptados a la vida en el océano. Hay pruebas de que tenían una capa de grasa bajo la piel, lo que indica que debían de ser animales de sangre caliente, capaces de mantener una temperatura corporal alta constante en el agua.

Aunque parecen peces, en realidad eran reptiles y tenían que subir a la superficie del agua para respirar.

Los ictiosaurios evolucionaron a partir de otros reptiles ovíparos terrestres.

Los científicos han encontrado células de pigmento de la piel en algunos fósiles de ictiosaurios. Esto les ha permitido conocer su coloración.

Contracoloración

Algunos ictiosaurios tenían el dorso oscuro y el vientre claro, un camuflaje llamado contracoloración. Muchos animales marinos pasan así desapercibidos ante sus depredadores y presas. Les ayuda a confundirse con las profundidades del océano, vistos desde arriba, y con el cielo vistos desde abajo.

Ver también
Conoce también la serpiente marina (112-113), otro reptil marino que da a luz crías vivas en el mar.

Reptiles marinos
Los océanos del Mesozoico estaban llenos de otros reptiles, como los plesiosaurios, de cuello largo (arriba), los enormes pliosaurios y los feroces mosasaurios.

Dieta de marisco Los cefalópodos, como los belemnites y los amonites, de los que se alimentaba el ictiosaurio, se emparentan con los cefalópodos actuales: calamares, pulpos y sepias (abajo).

Forma de delfín Los ictiosaurios se parecían a los actuales delfines. El proceso por el que especies no relacionadas que viven en un entorno similar desarrollan las mismas características se conoce como evolución convergente.

Hecha un nudo

Al anudarse el cuerpo de la serpiente se frota contra sus propias escamas para desprenderse de la piel vieja.

Las serpientes mudan regularmente su piel exterior a lo largo de su vida, no solo cuando crecen. La cría de serpiente de vientre amarillo hace bucles y nudos con cuerpo para aflojar la piel vieja y poder escurrirse.

Nacida en el mar

Las serpientes marinas de vientre amarillo se aparean en la superficie en mar abierto. La hembra mantiene los huevos en su cuerpo durante seis meses y estos eclosionan en su interior. Da a luz hasta 10 crías vivas, que miden unos 25 cm.

Las pequeñas serpientes no tardan en separarse.

Serpiente marina

Las serpientes de mar son los únicos reptiles que se pasan todo el tiempo dentro del agua. La serpiente de mar de vientre amarillo, una de las más extendidas de la Tierra, vive en los océanos Índico y Pacífico. Aprovecha las corrientes para moverse por el océano. Sus llamativos colores advierten a sus posibles depredadores de que tiene un potente veneno y que es desagradable comerla.

Tiene pulmones, no branquias, pero al sumergirse puede tomar oxígeno del agua a través de su piel.

Control de temperatura

Como todos los reptiles, es de sangre fría, lo que significa que su temperatura corporal depende del entorno. Si necesita calentarse, toma el sol en la superficie. Si está demasiado caliente, se sumerge para refrescarse.

Cocodrilo marino

El cocodrilo marino, el mayor reptil del mundo, vive en ríos, estuarios, a lo largo de las costas y en mar abierto. Es un poderoso nadador y se le ha visto en el mar a 1000 km de tierra.

Serpiente ovípara

Aunque las serpientes marinas pueden llegar a las playas, nunca van a tierra deliberadamente. Sin embargo, las laticaudas, que también viven en el océano, se acercan a la orilla para poner sus huevos, mudar su piel y digerir sus presas.

La serpiente nada haciendo ondear su cuerpo, ayudada por su ancha cola en forma de pala.

A la espera de que llueva

La serpiente joven no puede beber el agua salada del océano, solo el agua dulce que se acumula en la superficie del mar cuando llueve mucho. Si no llueve, la serpiente tiene sed.

Marinero errante

Una vez que ha crecido, la serpiente mide 1 m de largo. Puede nadar tanto hacia delante como hacia atrás —y muy rápidamente, si es necesario—, pero sobre todo se deja llevar por la corriente. En sus dos o tres años de vida, puede recorrer muchos miles de kilómetros.

Manchas

En algunos puntos se forman manchas de algas, espuma y desechos llevados por corrientes convergentes. Aquí se reúnen un gran número de vientres amarillos junto a peces, plancton y otras especies marinas.

Paraliza al pez con su veneno y luego se lo traga entero.

Depredadora de emboscada

La serpiente que crece flota inmóvil en las zonas de aguas tranquilas que se forman donde confluyen las corrientes oceánicas. Los peces que nadan cerca, o que cometen el error de refugiarse allí, son capturados con una rápida embestida.

Ver también
Conoce el ictiosaurio, un reptil marino prehistórico (110-111).

Iguana marina La iguana marina es el único lagarto que busca comida en el mar. Se sumerge hasta 12 m para picar algas y permanece sumergida hasta una hora. Cuando no se alimenta en el frío mar, toma el sol en las rocas de la costa.

Tritón

Como las ranas y otros anfibios, los tritones llevan una doble vida: una parte en el agua y otra en la tierra. Al pasar de un hábitat a otro, su cuerpo sufre grandes cambios para adaptarse a las diferentes condiciones. El tritón del este americano vive en estanques, pantanos y pequeños lagos, pero también pasa tiempo entre la hojarasca del bosque.

La cola del adulto se ha hecho más ancha y plana para nadar.

De regreso al agua

Ya adulto, el tritón vuelve al agua. Pasa el resto de su vida en un estanque o en otros hábitats húmedos. Todavía tiene pulmones, por lo que debe subir a la superficie para respirar.

Cortejo

Un tritón adulto macho corteja a una hembra con una danza y la abraza. Si ella lo acepta, él deposita un paquete de esperma en el suelo fangoso. La hembra se lleva el paquete a su cuerpo, donde los espermatozoides fecundan sus huevos.

El adulto ya no es rojo brillante: su piel sigue siendo venenosa, pero no es tan tóxica como cuando era un eft.

Pone los huevos en las plantas acuáticas para mantenerlos ocultos de los depredadores.

El macho agarra a la hembra y le lleva su olor a la nariz con la cola.

La puesta

La hembra pone un huevo cada vez en una hoja o un tallo bajo el agua. Puede envolver el huevo con una parte de la planta para ocultarlo. Pone unos cuantos huevos al día durante varias semanas.

Paquete de esperma

Ver también
También la efímera (88-89) pasa el principio de su vida en el agua antes de salir de ella para desarrollarse.

Su piel roja advierte a los depredadores que es venenoso.

Un eft que vive en tierra

Al cabo de dos o tres meses, al renacuajo le crecen los pulmones y pierde las branquias. Ahora vive en tierra y se lo conoce como eft. Este cambio se llama metamorfosis. Vive en tierra hasta siete años, comiendo pequeñas criaturas que encuentra en el suelo o bajo las hojas.

Las branquias están justo detrás de la cabeza del renacuajo.

Adaptado al agua

El renacuajo tiene branquias para respirar y cola para nadar, y poco a poco le van creciendo las patas. Es un ávido cazador que atrapa pequeños animales como pulgas de agua, caracoles y larvas de escarabajos y mosquitos.

*A los **tritones** les crece de nuevo una **pata** si la pierden.*

La piel del renacuajo contiene un veneno que ahuyenta a muchos depredadores.

La cría crece en el huevo durante dos o tres semanas.

Eclosión

La mamá tritón deja que el huevo se desarrolle y eclosione por sí mismo. Cuando la cría, o renacuajo, sale del huevo, se alimenta durante unos días de los restos de la yema.

Renacuajos de altura

Las bromelias son plantas que crecen en lo alto de los árboles de la selva tropical. Algunas ranas tropicales ponen sus huevos en el agua que se acumula en el centro de las plantas. Los renacuajos comen algas y larvas que encuentran en el agua.

Anfibios que se aparean

Las cecilias son anfibios con forma de gusano. Sus huevos se fecundan dentro de la hembra. En lugar de hacerlo con un paquete de esperma, como los tritones, el macho y la hembra se aparean y él transfiere el esperma directamente al cuerpo de ella.

Abrazo de desove

La mayoría de las ranas fecundan sus huevos en el agua. Cuando los adultos desovan, los machos se aferran a las hembras para liberar el esperma junto a los huevos. Así la probabilidad de que los huevos se fecunden es más alta.

Rana

La asombrosa rana aguadora vive en el sur de Australia, en pantanos, arroyos y praderas. Aquí llueve muy poco, pero esta rana tiene una forma extraordinaria de hacer frente a las cambiantes condiciones meteorológicas.

Mientras está enterrada, la rana adulta vive de la grasa acumulada en su cuerpo.

Madriguera

La joven rana cava su madriguera en el suelo. Allí permanecerá hasta que llegue la siguiente lluvia y el ciclo vuelva a empezar.

Excavación

En las épocas secas del año, el agua de la superficie se seca. Utilizando sus patas como palas, la rana aguadora excava en el suelo arenoso. Puede excavar hasta 1 m de profundidad.

Ver también

Conoce otros anfibios que viven en tierra y en el agua, como el tritón del este (114-115).

Metamorfosis

Los renacuajos tardan unos 30 días en convertirse en ranas adultas que pueden vivir en tierra. La joven rana debe volver a meterse bajo tierra antes de que el suelo arenoso sea demasiado duro para cavar.

Los renacuajos crecen muy deprisa, hasta alcanzar los 60 mm de longitud.

Ratas canguro Las ratas canguro viven en el oeste de Norteamérica. No necesitan beber, ya que obtienen toda el agua que necesitan de las semillas que comen. Producen una orina fuerte y concentrada, que les ayuda a reducir el agua que pierden.

Protopterus Estos peces suelen vivir en las aguas poco profundas de las marismas y pantanos africanos. Si el agua se seca, viven en tierra durante meses, donde respiran a través de un pulmón en forma de vejiga.

Hora de despertarse

Cuando llega la lluvia, el agua empapa la madriguera de la rana. Es la señal para que la rana se despierte. Se arrastra fuera de su bolsa, que luego come para alimentarse.

Conservar la humedad

La rana recubre su madriguera con una capa de piel y mucosa. Esta capa impermeable se endurece como una bolsa alrededor del cuerpo de la rana: le ayuda a mantener la humedad dentro y evita que la rana se seque.

También almacena agua en su vejiga y bajo su piel, suficiente para duplicar su peso.

¡La rana aguadora puede vivir hasta cinco años sin beber nada!

Desove

Tras el apareamiento, la hembra pone muchos huevos en el agua, hasta 500 de golpe. Los huevos se adhieren a las plantas acuáticas o flotan en la superficie. Unas semanas más tarde, eclosionan y se convierten en grandes renacuajos de color verde dorado.

Llamada

Los machos deben encontrar una pareja rápidamente antes de que el agua vuelva a secarse. Se reúnen en el borde de los pequeños estanques y se ponen a croar para llamar a las hembras.

Tortuga del desierto de Mojave

Viven en México y Estados Unidos. Si el clima es cálido y seco, almacenan agua en su vejiga. Cuando llueve, llenan su vejiga de agua, y luego, en la estación seca, la extraen a través de las paredes de ese órgano.

Rana mono grande

Estas ranas arborícolas viven en la región seca del Chaco, en Sudamérica. Segregan una sustancia cerosa con unas glándulas de su piel que restregan sobre la superficie de su cuerpo con los brazos y las patas. Esta sustancia evita que pierdan agua.

Zooxantelas

La espectacular vida y los colores de un arrecife de coral tropical dependen de una asombrosa asociación entre los diminutos pólipos de coral que forman el arrecife y las algas unicelulares que viven en su interior: estas algas, llamadas zooxantelas, consiguen un hogar seguro y a cambio suministran al coral gran parte del alimento que necesita.

A la deriva

Las algas pasan parte de su ciclo vital a la deriva, como componentes del plancton. Como las plantas, utilizan la luz solar para fabricar su propio alimento azucarado mediante la fotosíntesis.

Cada alga tiene unos órganos llamados cloroplastos, en los que se realiza la fotosíntesis.

El núcleo controla lo que hace la célula.

El alga nada agitando un pelo en forma de látigo.

Tragadas

Un pólipo de coral del arrecife se traga las algas al absorber agua con su boca. Las células del cuerpo del pólipo capturan las algas, que pierden sus pelos en forma de látigo.

La carne transparente del pólipo permite que la luz solar llegue a las algas.

De vuelta al plancton

El pólipo se deshace de las algas que cuentan con pelos natatorios. Estas se unen a otras algas microscópicas y a los animales del plancton. Se queda con las que no tienen pelos natatorios, que le siguen ayudando a fabricar el alimento.

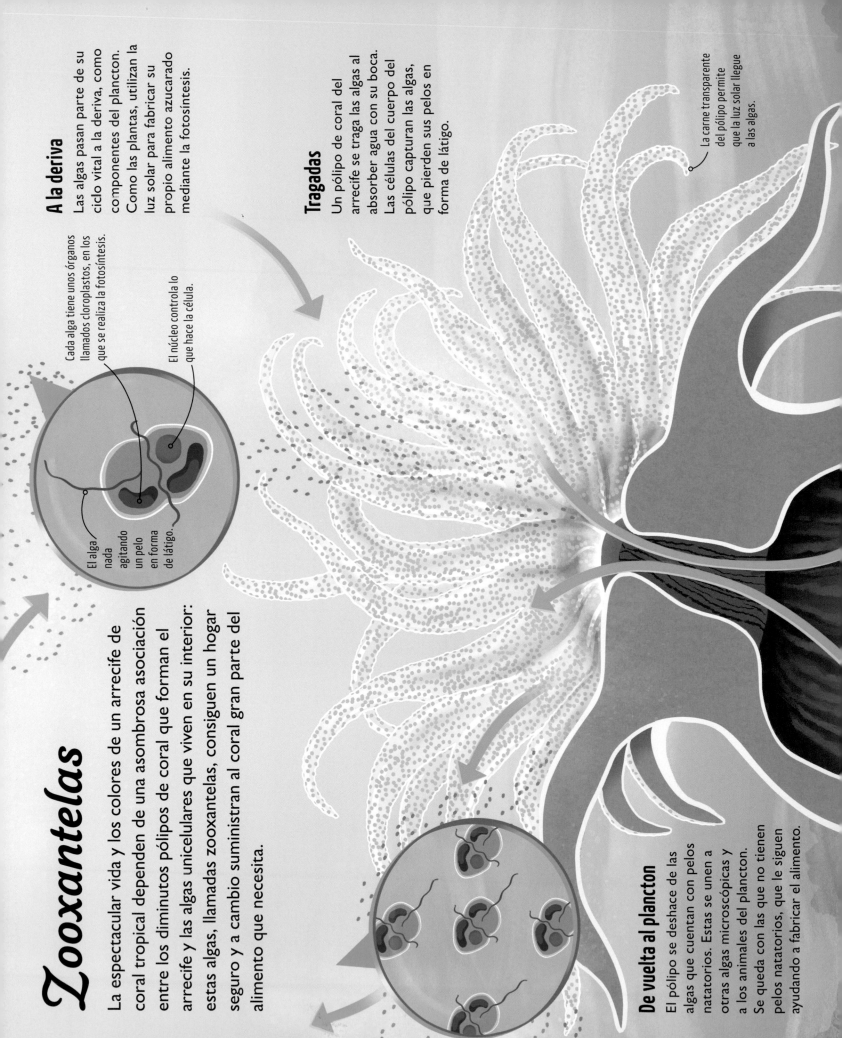

Asociación

En el interior del pólipo, las algas utilizan el dióxido de carbono que este produce para fabricar su alimento mediante la fotosíntesis. Una parte del alimento vuelve al pólipo para complementar lo que obtiene atrapando presas con sus tentáculos.

Los corales viven como colonias de muchos pólipos diminutos unidos entre sí. Con el tiempo, sus duros esqueletos calcáreos se acumulan y forman enormes arrecifes de coral.

Los corales prosperan en aguas poco profundas bañadas por el Sol, lo que da combustible a sus zooxantelas.

Las algas viven en la carne del pólipo.

Nuevas algas

Mientras vive en el pólipo, cada zooxantela se reproduce dividiéndose en dos. Las dos nuevas células son copias de la célula madre. Algunas de las nuevas algas tienen pelos natatorios y otras no.

Cada nueva célula se divide en dos.

Ver también
Descubre cómo funciona la fotosíntesis (56-57).

Los colores del coral

Buena parte de los bonitos colores del coral se deben a los pigmentos químicos que sus zooxantelas utilizan para atrapar la energía del Sol. La clorofila es un pigmento que da colores verdes y marrones.

Protector solar submarino

Algunos corales pueden fabricar sus propios pigmentos rosas o morados. Estos colores protegen a las algas de los corales de los rayos nocivos de la luz solar, que podrían dañarlas, al igual que los filtros solares protegen nuestra piel.

Corales blanqueados

Cuando el mar se calienta demasiado o se contamina, el coral expulsa todas sus algas y queda blanco. Si las condiciones del agua no mejoran, el coral morirá. El aumento de la temperatura del mar a causa del calentamiento global está provocando el blanqueamiento del coral en todo el mundo.

119

Ver también
Descubre cómo funciona la fotosíntesis (56–57) y lee sobre las algas fotosintéticas (118–119) que viven dentro de los corales.

Las hojas toman los nutrientes del agua y la luz solar que se filtra desde la superficie.

Kelp

El kelp gigante es el alga más grande de la Tierra. Aunque parecen plantas y fabrican su alimento con la fotosíntesis, en realidad son algas. En el agua fría de la costa, el kelp gigante adulto puede alcanzar una longitud enorme y levantarse 30 m del lecho marino. Sorprendentemente, este gigante del océano tiene un tamaño microscópico cuando comienza su vida.

Cada hoja puede producir hasta 500 000 esporas por hora.

Liberación de esporas

Un kelp gigante adulto libera esporas de unas hojas especiales. Similar a la manera como los musgos y algunas otras plantas liberan esporas en tierra.

En el lecho marino

Las esporas microscópicas pueden caer al fondo, ser arrastradas por la corriente o nadar por su propia cuenta. Al final se depositan en el lecho marino.

Cada espora nada con dos pelos que oscilan.

Fabricar alimento

Como las hojas de las plantas, las hojas de la fronda absorben la energía de la luz solar y la usan para fabricar alimento azucarado para el kelp gigante con la fotosíntesis. Cuanto más envejece el alga, más frondas desarrolla. Algunas kelps gigantes tienen cientos de frondas.

Primera fronda

Asegurado por el soporte, el joven kelp puede desarrollarse con seguridad. Crece una fronda formada por un tallo, llamado estípite, que sostiene las hojas. En la base de cada hoja hay un «globo» lleno de gas que actúa como flotador.

Colores de las algas

Como las plantas, las algas marinas utilizan el pigmento verde clorofila para captar la energía de la luz solar. Pero no todas son verdes. Para captar mejor la luz bajo el agua, algunas algas tienen también otros pigmentos que absorben la luz, lo que las hace rojas o, como el kelp gigante, marrones.

Fitoplancton La mayoría de las algas son de tamaño microscópico durante toda su vida. Llamadas fitoplancton, son el alimento de muchos animales acuáticos.

Esporas

Las esporas brotan. Aun microscópicas, parecen pequeñas bolas de pelusa azul o dorada. Las bolas azules liberan espermatozoides nadadores, que fecundan los óvulos adheridos a las bolas doradas.

Las formas femeninas producen huevos.

Las formas masculinas producen esperma.

Cada óvulo fecundado se convierte en una cría de kelp gigante.

La fijación impide que el kelp sea arrastrado por la corriente.

Sujeción

Los kelps jóvenes que crecen de un huevo fecundado envían pequeños zarcillos que se enrollan y adhieren a rocas, piedras u otros materiales del fondo marino. Juntos, estos zarcillos forman la sujeción, que ancla el kelp firmemente al fondo.

Refugio oceánico Los bosques de kelps gigantes, con sus frondas, dan cobijo a peces y otros animales oceánicos, mientras que los invertebrados, como los erizos de mar y los caracoles, pastan en los rizoides. Las focas y los leones marinos atraviesan los bosques mientras cazan peces.

El agua y el hombre

El agua es una parte fundamental de nuestra vida cotidiana. Dependemos de ella para preparar la comida, lavarnos y limpiar nuestra ropa. Una red de tuberías garantiza que el agua llegue a donde sea necesario. También se utiliza para cultivar, transportar mercancías y generar electricidad. El agua es preciosa y versátil: ¡no la desperdiciemos!

Depender del agua

Todos dependemos del agua. Es vital para la agricultura y la ganadería. Los océanos y los mares, los ríos y los lagos son ricas fuentes de alimento. La gente viaja, comercia y explora a través del agua.

Todos los cultivos necesitan un riego regular para crecer bien. Hacen falta unos 2500 litros de agua para producir 1 kg de arroz.

Réplica del HMS *Endeavour*, el primer barco europeo que llegó al este de Australia en 1770, capitaneado por el explorador inglés James Cook.

Fuente de alimento

El agua alberga una increíble variedad de seres vivos, entre los que hay millones de toneladas de algas, peces, plancton y otros seres vivos que comemos. Alrededor del 17 % de las proteínas que consumimos proceden de los océanos. En algunos países costeros, esa cifra se eleva hasta el 50 %.

Viajes y exploración

Antes de los vehículos de motor y los aviones, se exploraba y se recorrían grandes distancias en barco. Exploradores como Zheng He, de China, y Cristóbal Colón y Vasco da Gama, de Europa, descubrieron nuevas rutas marítimas e inauguraron los viajes y el comercio.

Cada año se capturan o crían más de 170 millones de toneladas de pescado y otros mariscos, como las gambas.

Las frutas y verduras frescas necesitan a veces un aclarado que elimine la suciedad y los rastros de productos químicos.

Cocinar

El agua es esencial para limpiar, preparar y cocinar los alimentos. Se utiliza para cocerlos y para preparar salsas, sopas y masas. También es necesaria para limpiar las sartenes, los platos y los utensilios después de haber comido.

El 90 % de todo lo que compras ha viajado por barco en algún momento.

Los buques portacontenedores transportan cargas de todo tipo. Cada contenedor puede llevar una cantidad sorprendente de artículos, como 12 000 cajas de zapatos o más de 40 000 plátanos.

Comercio y transporte marítimo

Miles de millones de toneladas de mercancías y materias primas navegan por el mundo en portacontenedores, petroleros y otros buques. Algunos supercargueros pueden transportar más de 7000 coches o 20 000 contenedores. Los grandes puertos manejan miles de barcos al año.

En la costa

La mayoría de las grandes ciudades se fundaron cerca del agua para poder comerciar. Ocho de las diez mayores están situadas en la costa o en la desembocadura de un río cerca del mar. Muchas otras ciudades están situadas junto a un río importante, lo que les da acceso al mar y a otras ciudades.

Shanghái, en China, es el puerto más activo del mundo.

Energía hidroeléctrica

La fuerza del agua se emplea para producir energía hidroeléctrica. Para ello se construyen enormes presas en los ríos. Al bajar el agua del río por ellas, hace girar las aspas de una turbina que, a su vez, hace girar un generador y produce electricidad.

Fuerza mareomotriz

Las mareas del océano suben y bajan en las costas dos veces al día. Las centrales mareomotrices las utilizan para hacer girar sus turbinas y generar electricidad.

La presa más antigua todavía en uso es la del **lago de Homs** *en Siria. Se construyó en el reinado del faraón egipcio Sejemib, hace más de* **tres mil años.**

Tubería forzada

Embalse

Construir la presa Las presas se construyen a lo largo de grandes ríos, en lugares donde hay un desnivel, para que el agua tenga una buena caída desde su borde superior hasta el río de abajo.

¡Compuertas abiertas! Para crear energía, se abren las compuertas de la presa. Esto permite que el agua salga del embalse donde está retenida y se desplace hacia abajo, a través de una tubería llamada tubería forzada.

Tornillo de Arquímedes

También en los ríos más pequeños puede producirse electricidad con la ayuda de un tornillo de Arquímedes. El agua fluye hacia la parte superior del tornillo y su peso lo hace girar y accionar un generador.

Escalera de peces

El salmón remonta los ríos cada año para poner sus huevos, pero las presas a menudo se lo impiden. Algunas cuentan con «escaleras de peces» para ayudar a los salmones a pasar.

Presa de las Tres Gargantas

La mayor presa del mundo es la de las Tres Gargantas, en China. Terminada en 2006, tiene 2,3 km de ancho y 192 m de altura.

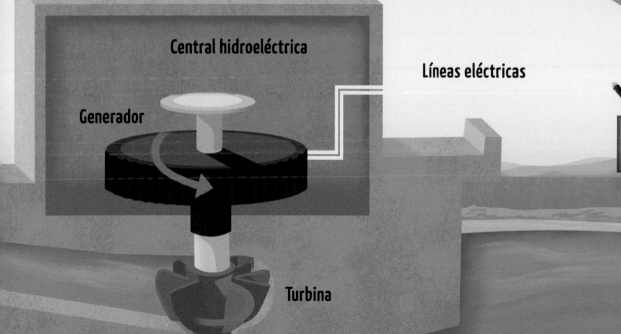

Central hidroeléctrica

Generador

Líneas eléctricas

Turbina

Río

Generación de energía Al final de la tubería forzada, el flujo de agua golpea las palas de una turbina y las hace girar. El eje de la turbina mueve el generador, que produce electricidad. Las líneas eléctricas transportan la electricidad fuera de la presa.

El agua sigue su curso Tras hacer mover la turbina, el agua sigue su curso y vuelve a incorporarse al río, donde llega a una gran velocidad.

Riego

En muchos lugares, la lluvia no basta para garantizar el buen desarrollo de los cultivos y hay que regar artificialmente. El riego se puso en práctica por vez primera en Asia y Oriente Medio hace seis mil años. Los agricultores utilizan distintos sistemas de riego para asegurarse de obtener una buena cosecha.

Depósitos de agua

En algunas explotaciones se excavan pozos para acceder al agua del subsuelo. En otros lugares, el agua se almacena en albercas o estanques.

Aspersores

El agua se bombea por tuberías conectadas a aspersores, que rocían los cultivos. Los aspersores pueden estar fijos en un lugar o instalarse en un bastidor con ruedas que se desplaza por el campo.

Filtrado y bombeo

El agua va desde el pozo hasta la parte superior de un tanque de filtrado, donde pasa por arena, que atrapa la suciedad y las algas. Una vez limpia, se bombea a las tuberías del sistema de riego.

Gota a gota

El riego por goteo utiliza tubos estrechos con agujeros, o boquillas, por los que el agua fluye directamente a las raíces de cada planta. Desperdicia menos agua que otros sistemas.

Riego de superficie

El riego puede tener lugar en la superficie de los campos en pendiente a través de surcos, unos canales largos y poco profundos excavados entre las hileras de cultivos. La fuerza de la gravedad hace que el agua fluya por los surcos y llegue a todo el campo.

A vista de pájaro

Los drones sobrevuelan las granjas y utilizan cámaras y sensores para medir el grado de sequedad y calor de los campos. Algunos pueden incluso regar al momento.

El 70 % del agua dulce que se usa en el mundo se destina a los cultivos y a la cría de animales de granja.

Un patrón de cultivo circulares salpica el paisaje de Colorado, Estados Unidos.

Pivote central

Grandes aspersores son accionados por un motor eléctrico situado en un extremo. El otro extremo gira para y los aspersores rocían en un gran círculo. Se puede tardar entre 12 y 21 horas en regar un gran cultivo.

Un campo que utiliza el riego por pivote central puede tener un diámetro de entre 800 y 1000 m.

El agua en casa

Diariamente, en casa, utilizamos el agua no solo para beber, sino también para cocinar y limpiar. Una red de tuberías recorre la casa y lleva el agua a donde se necesita, desde los grifos del fregadero hasta los inodoros y las duchas. Una segunda red de tuberías se lleva las aguas residuales.

Conducciones

A la cocina llega por tuberías agua fría y caliente. Algunos electrodomésticos, como el lavavajillas, se conectan al suministro de agua. La nevera también puede conectarse si cuenta con un dispensador de hielo. Y la lavadora puede tener tuberías de agua fría y caliente.

Una tubería puede llevar agua a un grifo exterior para limpiar y regar el jardín.

Suministro de agua

El agua viaja por tuberías, generalmente subterráneas, que la conducen desde las líneas de suministro hasta nuestro hogar. Estas tuberías suelen tener una llave de paso, que se puede cerrar para cortar el suministro de agua. Frecuentemente, el agua pasa por un contador que mide su consumo.

El agua fría fluye a través del serpentín de la caldera, donde absorbe el calor.

Calor

El agua caliente va desde la caldera o el calentador hasta los grifos y las duchas. Una parte puede desviarse a una red de tuberías independiente que alimenta los radiadores de la calefacción.

Al ducharnos
*podemos gastar
15 litros de agua
por minuto.*

Tratamiento

Las alcantarillas llevan
las aguas residuales a una
planta de tratamiento.
Allí, el agua se filtra y
se limpia a fondo antes
de devolverla al medio
ambiente.

Una tubería subterránea
se lleva los residuos del
un inodoro al tirar de
la cadena.

Ver también
Descubre cómo el agua
se utiliza para regar los cultivos
(128-129) que producen
nuestros alimentos.

Eliminación

Un sistema de tuberías de desagüe
transporta las aguas sucias o residuales
que bajan por los sumideros del lavabo
y la bañera. Las aguas residuales salen
de la casa y van a parar a las alcantarillas.

Agua malgastada Más de 800 millones
de personas no tienen acceso al agua
potable, mientras que en otras partes
del mundo se desperdicia mucha agua.
Un solo grifo que gotea puede hacer
que se desperdicien más de 5000 litros
de agua potable en un año.

Ahorro de agua Un grifo abierto
consume entre 5 y 20 litros de agua
por minuto. Cerrar el grifo mientras te
cepillas los dientes y utilizar regaderas,
en lugar de mangueras, en el jardín son
formas fáciles de ahorrar agua.

Recoger el agua de lluvia Se puede
reducir el consumo de agua de la red
recogiendo en depósitos la lluvia que
cae sobre los tejados. Puede utilizarse
en el jardín o, si se instalan tuberías
adicionales, para tirar de la cadena.

Se filtra

Cuando el agua sucia llega a la planta de tratamiento, pasa por varias etapas de limpieza. En primer lugar, se hace pasar por filtros que eliminan toda la basura, como latas, bolsas de plástico y pañales. Esto se llama cribado.

Aguas residuales

El agua fluye a través de tuberías que conectan con la red de alcantarillado, que lleva el agua sucia, o residual, a la planta de tratamiento, donde se limpia.

Se retira la porquería

A continuación, el agua se bombea a contenedores grandes y profundos llamados tanques de sedimentación. Los residuos pesados, como la caca, se hunden en el fondo del tanque y forman una capa de lodo. Este puede utilizarse como abono o se quema para obtener energía.

Ver también
Conoce mejor cómo utilizamos el agua en casa (130-131).

Al tirar de la cadena, el contenido del inodoro sale por una tubería que desemboca en otra más grande, la alcantarilla.

Aguas residuales

Todos los días utilizamos agua. Pero ¿te has parado a pensar alguna vez a dónde va a parar cuando terminamos de usarla? Una serie de tuberías —el sistema de alcantarillado— se lleva el agua sucia de nuestras casas y el resto de los edificios a una planta de tratamiento donde se limpian antes de devolverlas a los ríos o al mar.

Tratamiento de lodos El lodo extraído de las aguas residuales se envía a unos grandes tanques llamados digestores, donde las bacterias lo descomponen. Luego se seca en forma de gránulos que pueden ser empleados en algunos países por los agricultores para abonar el campo.

Las bacterias son diminutas y no podemos verlas. Descomponen los residuos en fragmentos cada vez más pequeños.

Nuevo filtrado

El agua pasa por lechos filtrantes de grava con más bacterias devoradoras de residuos que siguen limpiando el agua.

Las bacterias entran en acción

Una vez retirados los lodos, el agua pasa a otro conjunto de tanques llenos de miles de millones de bacterias, unos organismos diminutos que se ocupan de descomponer los residuos del agua y hacerlos inofensivos. Se bombea aire a través del agua para ayudar a las bacterias a crecer y desarrollarse.

El agua se pulveriza sobre una capa de grava.

La limpieza final

El agua ya está casi limpia y pasa por una última etapa en un tanque de humus. Aquí se quedan las últimas partículas sólidas.

De vuelta al río

El agua ya está limpia. Se devuelve a los ríos o al mar, lista para ser utilizada de nuevo.

Bacterias Utilizamos las bacterias para todo tipo de cosas, desde producir alimentos como el yogur hasta limpiar vertidos de petróleo. Científicos japoneses han descubierto una bacteria que se alimenta de plástico, lo que podría ayudarnos a reciclarlo.

El plástico se usa para fabricar botellas de agua.

El agua en los rascacielos

Muchas ciudades del mundo tienen rascacielos. El Burj Khalifa de Dubái, que se eleva 828 m sobre el suelo, es el más alto de todos. Es casi dos veces más alto que el Empire State Building de Estados Unidos y tiene 160 plantas de viviendas y oficinas. Puede albergar a unas 10 000 personas, por lo que hay que transportar grandes cantidades de agua a todos los rincones de este gigantesco edificio.

Red de tuberías

Solamente su sistema antiincendios cuenta con más de 212 km de tuberías y 43 000 rociadores de agua, y otros 33,6 km de tuberías transportan el agua fría del aire acondicionado. Ambos sistemas funcionan con bombas y controles separados del suministro de agua corriente.

Las tuberías de desagüe que bajan de los inodoros y los lavabos están insonorizadas para que en plantas inferiores no se oiga caer el agua.

Zona de presión

El agua de un depósito sectorial abastece a una determinada zona de presión del edificio: las plantas que están inmediatamente encima y debajo del depósito. Para impulsar el agua hasta el depósito siguiente se utilizan bombas de refuerzo.

Las cinco piscinas del Burj Khalifa requieren grandes cantidades de agua.

Aprovechar la condensación
El aire del interior del Burj Khalifa es más frío que el clima cálido y húmedo del exterior. Esto hace que en los cristales del edificio se condense vapor de agua. Cada año se generan unos 68 millones de litros por condensación. La mayor parte se recoge con un sistema de tuberías que llenan un gran depósito en el aparcamiento subterráneo del edificio y abastece las fuentes y el riego de los jardines que lo rodean.

Depósitos sectoriales
El agua se bombea hac a arriba por etapas. Cada etapa tiene un depósito gigante de agua llamado depósito sectorial. El Burj Khalifa tiene cuatro de estos depósitos en las plantas 73-75, 109-111, 136-138 y 155-156, cada uno con una capacidad de 900 000 litros.

Potente bombeo
La presión propia de la red de suministro de agua solo puede impulsar el agua hasta una cierta altura. Las potentes bombas del edificio se ocupan del resto y para ello tienen una presión 30 veces superior a la de la atmósfera.

Depósitos en la azotea
Cuando se construyeron los primeros edificios altos, los ingenieros añadieron grandes depósitos en las azoteas. Unas bombas motorizadas empujaban el agua desde el nivel del suelo hacia arriba para llenar cada depósito. El agua volvía a bajar por las tuberías de suministro cuando se necesitaba y las bombas se ocupaban de mantenerlos llenos.

Unas potentes bombas situadas en el sótano del edificio elevan el agua hasta el depósito principal.

Unos 113 km de tuberías llevan el agua desde los depósitos sectoriales hasta todas las zonas del edificio.

Desagües de altura
Las aguas residuales de los lavabos, inodoros y duchas viajan por su propio sistema de tuberías y desembocan en el alcantarillado. Los desagües del edificio tienen 48 km de longitud en total. Muchos de ellos tienen curvas diseñadas para ralentizar el flujo de las aguas residuales, sobre todo desde los pisos más altos.

Un gigantesco depósito que ocupa parte de los pisos 40,41 y 42 contiene aún más agua que los depósitos sectoriales.

Depósito sectorial

Ver también
Conoce cómo utilizamos el agua en casa (130-131) y cómo se procesan las aguas residuales (132-133).

El agua en el espacio

La Estación Espacial Internacional es un laboratorio científico orbital con hasta seis astronautas que viven en el espacio. Debe proporcionarles todo lo necesario para sobrevivir, incluida el agua. Llevar agua al espacio es muy caro, así que los astronautas la utilizan de forma muy eficiente y reciclan toda la que pueden. Incluso se recicla su propia orina para convertirla en agua potable.

La Estación Espacial Internacional lleva 20 años con tripulación permanente.

Agua para procesar

Ir al baño no es tan fácil en el espacio. Los astronautas utilizan un inodoro especial diseñado para mantener las cosas limpias y capturar todos los líquidos.

Los residuos líquidos se recogen con un tubo provisto de un embudo, que los aspira para procesarlos.

Los residuos sólidos se secan y se extrae el agua, que se recicla.

También se capturan y reciclan las gotas de agua que exhalan los astronautas.

El sistema recicla incluso el sudor de los astronautas.

Sin ducha en el espacio

En la Estación Espacial Internacional no hay duchas: las gotas de agua flotarían por todas partes y crearían problemas. En su lugar, los astronautas utilizan jabón líquido, toallas húmedas y champú seco.

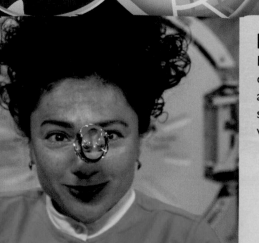

Renovación del baño

El sistema de gestión de residuos se está actualizando con la sustitución de los ya viejos aseos espaciales.

Procesado de la orina

Antes de que pueda tratarse con el resto del agua recogida, la orina se procesa en la Unidad de Recuperación de Orina, donde se separa el agua de los residuos.

La orina se destila, es decir, se calienta y se enfría para eliminar las sales.

A continuación, el agua se enfría en una bomba de purga y un separador elimina los gases no deseados.

Unidad de procesado de agua

Una vez procesada, el agua de la orina puede unirse a otros residuos de agua recogidos para ser limpiados, tratados y analizados antes de ser suministrados de nuevo a los astronautas como agua pura y limpia.

Lista para beber

Antes de que los astronautas beban el agua, se analiza su calidad. Si no tiene la calidad deseada, debe volver a pasar por todo el proceso.

Tras pasar por este sistema, el agua está más limpia que la del grifo de casa.

Primero se examina el agua en busca de microbios y a continuación se filtra para eliminar cualquier partícula que pueda contener.

Ver también

Descubre cómo se usa el agua para generar energía (126-127).

El agua pasa por filtros que eliminan las sustancias químicas no deseadas, y después pasa al reactor, donde se calienta y reacciona con el oxígeno y se eliminan las sustancias químicas orgánicas.

Bolsas y pajitas Los astronautas usan bolsas de agua especiales que llenan en el procesador de agua. Tienen pajitas con grifo. Si intentaran poner agua en un vaso, se les escaparía.

Glosario

acuático que vive en el agua o cerca

agua dulce agua que no contiene sal

agua salada agua de los mares y los océanos

algas formas de vida simples parecidas a las plantas, que producen su propio alimento con la energía del Sol

amenazado en riesgo de extinción

anfibios grupo de vertebrados de sangre fría y piel húmeda que respiran aire y suelen desarrollarse a partir de larvas acuáticas (renacuajos); una rana es un anfibio

animales de sangre fría animales cuya temperatura corporal varía en función del entorno en el que están

apareamiento cuando el macho y la hembra se unen en la reproducción sexual para que el esperma del macho fecunde los huevos en el cuerpo de la hembra

arterias los vasos sanguíneos que transportan la sangre rica en oxígeno desde el corazón

atmósfera masa de aire que rodea la Tierra

átomos las unidades más pequeñas de materia

bacterias microorganismos unicelulares que pueden ser beneficiosos o nocivos

banco gran número de peces u otros animales marinos que nadan juntos

branquias órgano del cuerpo de los animales que absorbe el oxígeno del agua

camada grupo de crías que nacen a la vez

cañón valle estrecho y profundo de paredes muy verticales

células piezas vivas que forman los organismos

células sexuales células que pueden ser masculinas (espermatozoides) o femeninas (óvulos) y que participan en el proceso de reproducción sexual

clorofila pigmento verde de las plantas que las ayuda a absorber la energía del Sol en la fotosíntesis

colonia grupo de seres vivos del mismo tipo que viven juntos

condensación cambio de estado del agua, de gas a líquido

continente cada una de las distintas masas de tierra del planeta

cortejo comportamiento animal que establece una relación entre el macho y la hembra antes del apareamiento

corteza capa dura exterior de la Tierra

cría producción de descendencia (crías) por medio del apareamiento

densidad masa o materia de algo contenidas en un determinado volumen de espacio

depredadores animales que cazan a otros animales para alimentarse

dialecto variedad de idioma que se habla en una región determinada

embrión etapa temprana en el desarrollo de un animal o una planta

equinodermo invertebrado marino, como el erizo o la estrella de mar

erosión forma en que los sedimentos son arrastrados por el viento, el agua o el hielo de los glaciares

esperma conjunto de espermatozoides

espermatozoide célula sexual masculina

espora célula simple producida por un hongo o una planta y que puede crecer para formar un nuevo individuo

evaporación cuando un líquido pasa a ser un gas

exoesqueleto esqueleto externo que sostiene y protege el cuerpo de un animal

extinción cuando muere el último individuo de una especie, por lo que ya no queda ninguno vivo

fecundación unión de las células sexuales masculina y femenina para formar un huevo fecundado

feto cría en desarrollo de un animal antes de su nacimiento

fotosíntesis proceso por el que las plantas y las algas producen su propio alimento con la energía del Sol

galaxia gran grupo de estrellas y nebulosas de polvo y gas que se mantienen juntas por la gravedad

gestante hembra en cuyo cuerpo tiene un animal en desarrollo

gota pequeña cantidad de líquido

gravedad fuerza con la que los objetos se atraen entre sí

hábitat hogar natural de un animal o una planta

hibernación estado de letargo que ayuda a algunos animales a sobrevivir durante el invierno

hormona mensaje químico que una glándula libera en el riego sanguíneo

huésped ser vivo que proporciona alimento a un parásito

huevos células sexuales femeninas fecundadas que se desarrollan para formar un nuevo animal. Algunos se desarrollan en el interior de la madre y otros se ponen. Los de las aves y los reptiles están protegidos por una cáscara

invertebrados animales que no tienen columna vertebral

larva animal joven que no se parece todavía a sus progenitores y que se transformará en adulto en un proceso de metamorfosis completa

lava roca caliente fundida que sale a la superficie al erupcionar un volcán

magma roca fundida que fluye bajo la superficie de la Tierra

mamífero animal de sangre caliente, generalmente de piel peluda, que alimenta a sus crías con leche

manto gruesa capa de roca de la Tierra entre la corteza y el núcleo

marino relacionado o propio del mar

matrilínea grupo social dirigido por una hembra dominante, como las orcas

metamorfosis cambio en la forma del cuerpo de animales como los insectos y los anfibios cuando se transforman en adultos

meteorización proceso por el que las rocas y los minerales se disgregan en forma de sedimentos

microbios seres vivos diminutos, como las bacterias

migración desplazamiento que un animal hace regularmente para ir y regresar de un lugar, generalmente cada año, para alimentarse y reproducirse

ninfa insecto joven que tiene una forma parecida a la de sus progenitores pero que no tiene alas y no puede reproducirse. Las ninfas se desarrollan por medio de una metamorfosis incompleta

nutrientes sustancia necesaria para que un organismo viva y crezca

organismo ser vivo

ósmosis la forma en la que el agua pasa a través de una membrana desde una sustancia muy concentrada a otra menos concentrada

Pangea supercontinente que existió hace unos 320-200 millones de años, antes de separarse en fragmentos

parásito organismo que vive y se alimenta sobre o dentro de otro, su huésped, y le causa daño

partícula fragmento microscópico de materia, como un átomo o una molécula

placa tectónica una de las partes de la envoltura rígida de la Tierra

presa animal que es cazado por otro

pupas etapa de reposo en el ciclo vital de algunos insectos, durante la cual pasan de larva a adulto mediante un cambio completo de la forma del cuerpo (metamorfosis)

renacuajos larvas de rana o sapo. Respiran por branquias en lugar de por pulmones y tienen una cola larga

reproducción producción de descendencia (crías)

reproducción asexual tipo de reproducción que no requiere la fecundación y en el que un solo progenitor puede tener descendencia

reproducción sexual reproducción que tiene lugar con la fecundación de un óvulo con esperma

reptil vertebrado de sangre fría y piel escamosa, como las serpientes y los lagartos, que respira a través de pulmones

roca ígnea roca que se forma cuando el magma subterráneo o la lava se solidifican

roca metamórfica roca que se forma cuando otras rocas cambian a causa del calor y la presión para formar otras distintas

roca sedimentaria roca hecha de sedimentos. Las capas de sedimentos se presionan y se solidifican hasta que forman una roca

sedimentos pequeños fragmentos de roca, restos de seres vivos o residuos químicos que se depositan en el lecho de los lagos, ríos y mares

semillas cápsulas que contienen el embrión de una planta y un depósito de alimento

territorio área que un animal controla y defiende de sus rivales

transpiración pérdida de agua que se produce por evaporación en las hojas de las plantas

útero parte del cuerpo de la hembra en que la cría se desarrolla antes de nacer

vapor agua en estado gaseoso

venas vasos sanguíneos que llevan sangre pobre en oxígeno al corazón

vertebrados animales con columna vertebral

Índice

Agradecimientos

Los editores quieren agradecer a los siguientes el permiso para la reproduccion de sus fotografías:

(Clave: a, arriba; b, bajo/debajo; c, centro; d, derecha; e, extremo; i, izquierda; s, superior)

6 Dreamstime.com: Paop (bi). 6-7 123RF.com: Polsin Junpangpen. 7 Alamy Stock Photo: ACORN 1 (ca); Nature Picture Library / SCOTLAND: The Big Picture (bi). Dreamstime.com: Flatbox2 (ci); Okea (br). naturepl.com: Jussi Murtosaari (sc). 8-9 123RF.com: Polsin Junpangpen. 9 NASA: Goddard Space Flight Center Scientific Visualization Studio (cda). 10-11 123RF.com: Polsin Junpangpen. 14-15 123RF.com: Polsin Junpangpen. 14 123RF.com: nasaimages (sd). Dreamstime.com: Leonidtit (ci); Mike Ricci (cdb); Phanuwatn (br). Getty Images / iStock: PongMoji (cib). 15 123RF.com: Anna Yakimova (cb). Alamy Stock Photo: Frans Lemmens (cia). Dreamstime.com: Bidouze St¥Ë_phane (cdb). Getty Images / iStock: Ray Hems (s); phototropic (br). 16 Getty Images / iStock: Photon-Photos (cb). 17 Alamy Stock Photo: Stocktrek Images, Inc. / Walter Myers (cb). 18 Getty Images / iStock: mdesigner125 (bc). 19 Dreamstime.com: Gino Rigucci (bi). Shutterstock.com: Pike-28 (br). 20 Dreamstime.com: Parin Parmar (cda). 21 Dreamstime.com: Jarosław Janczuk (sc); Lesley Mcewan (cib); New Person (cda). 23 Alamy Stock Photo: Paul Wood (br). Getty Images: Jose Jimenez (cda). NOAA: (cdb). 25 123RF.com: Andrew Mayovskyy / jojjik (cda). Getty Images: E+ / ra-photos (br). © Jenny E. Ross: (cdb). 27 Dreamstime.com: Tomas Griger (br). Getty Images: Michele Falzone (cdb). naturepl.com: Doug Allan (cda). 29 Depositphotos Inc: MyGoodImages (sd). Shutterstock.com: Eva Mont (cda). 30 Depositphotos Inc: ilfede (bc). 30-31 Alamy Stock Photo: Gerner Thomsen (bc). 31 Dreamstime.com: Igor Groshev / Igorspb (bc). 33 Alamy Stock Photo: Jerónimo Alba (cdb); Peter Adams Photography (cda); Nature Picture Library / Anup Shah (br). 35 Alamy Stock Photo: Rupesh Sethi (cdb); Tom Till (cda). Dreamstime.com: Jon Helgason (br). 36 NASA: Jacques Descloitres, MODIS Rapid Response Team / GSFC (bi). 36-37 Shutterstock.com: Deni_Sugandi (bc). 37 Alamy Stock Photo: ARCTIC IMAGES / Ragnar Th Sigurdsson (bc). 39 Dreamstime.com: Javarman (sd). NASA: Goddard Space Flight Center Scientific Visualization Studio (cdb). 40 Getty Images / iStock: abriendomundo (bi). 41 Alamy Stock Photo: Robertharding / Christian Kober (br). Fotolia: Yong Hian Lim (bi). 42 Dreamstime.com: Raldi Somers / Raldi (bi). 42-43 Dreamstime.com: Martin Schneiter (bc). 43 123RF.com: Yongyut Kumsri (bc). 44 Getty Images / iStock: andrej67 (br). 45 Getty Images / iStock: RyuSeungil (bi). 46 Shutterstock.com: EPA-EFE / Darren Pateman (ci). 47 Alamy Stock Photo: Husky29 (bi); mauritius images GmbH / Reinhard Dirscherl (cd). 51 NOAA: Mountains in the Sea Research Team; the IFE Crew; and NOAA / OAR / OER. (cdb); Pacific Ring of Fire 2004 Expedition. NOAA Office of Ocean Exploration; Dr. Bob Embley, NOAA PMEL, Chief Scientist. (sd). 54 Alamy Stock Photo: Nigel Cattlin (bi). Getty Images / iStock: alexei_tm (cia). 54-55 123RF.com: Polsin Junpangpen. 55 Alamy Stock Photo: Nigel Cattlin (cdb). Getty Images / iStock: alexei_tm (br). 57 Alamy Stock Photo: mediasculp (sd). Getty Images / iStock: E+ / apomares (br). 58 Robert Harding Picture Library: Okapia / Hermann Eisenbeiss (ca). 59 Alamy Stock Photo: Avalon.red / Oceans Image (cdb); imageBROKER / Siegfried Grassegger (sd); PF-(usna1) (ca). naturepl.com: Pete Oxford (bc). SuperStock: Minden Pictures (cib). 60 Getty Images / iStock: E+ / chee gin tan (bc). 60-61 Getty Images / iStock: Rodrusoleg (bc). 61 Shutterstock.com: Maximumm (br). 63 Dreamstime.com: Liliia Khuzhakhmetova (br). naturepl.com: Simon Colmer (sd); David Shale (cd). 64 Alamy Stock Photo: Andrew DuBois (cdb). naturepl.com: Michael & Patricia Fogden (cia).

SuperStock: Minden Pictures / Buiten-beeld / Chris Stenger (sd). 65 Dreamstime.com: Igor Kovalchuk (ca). naturepl.com: Melvin Grey (cda). 66 Dreamstime.com: Björn Wylezich (bc). 66-67 123RF.com: Balash Mirzabey (bc). 67 Dreamstime.com: Valmedia Creatives (br). 70-71 123RF.com: Polsin Junpangpen. 70 123RF.com: Marc Henauer (sd). Alamy Stock Photo: Wildestanimal (ci). Dreamstime.com: Aquanaut4 (cib). Getty Images: Roland Birke (cdb). naturepl.com: Fred Bavendam (br). 71 Alamy Stock Photo: Andrey Nekrasov (br); WaterFrame_fba (cia). Dreamstime.com: Steven Melanson / Xscream1 (sd). naturepl.com: Doug Allan (cdb). Shutterstock.com: Arm001 (cb). 72 Alamy Stock Photo: BIOSPHOTO / Sergio Hanquet (cb); Paulo Oliveira (ci). Dreamstime.com: Vitalyedush (cda). 73 naturepl.com: Solvin Zankl (cib). 74 Alamy Stock Photo: Allstar Picture Library Ltd. (ci). 75 Alamy Stock Photo: Nature Photographers Ltd / Paul R. Sterry (ci); Martin Shields (cda). Dreamstime.com: Photographyfirm (ca). 76 Alamy Stock Photo: Sabena Jane Blackbird (c). Dreamstime.com: Tjkphotography (cia). 77 Alamy Stock Photo: John Henderson (cdb); R Kawka (cb). Getty Images: Cavan Images (bi). naturepl.com: Mark Carwardine (c). 79 Alamy Stock Photo: Images & Stories (br); Stephen Frink Collection (sd); Visual&Written SL / KELVIN AITKEN / VWPICS (cdb). 81 Alamy Stock Photo: Nature Picture Library / Franco Banfi (br); Paulo Oliveira (cda). 82 Alamy Stock Photo: Buiten-Beeld / Nico van Kappel (bc). 82-83 Alamy Stock Photo: FLPA (bc). 83 Getty Images / iStock: AlbyDeTweede (br). naturepl.com: Robert Thompson (bc). 84 Alamy Stock Photo: blickwinkel / Hartl (cib). Dreamstime.com: Mirkorosenau (cia). Science Photo Library: Eye Of Science (bi). 87 Alamy Stock Photo: Minden Pictures (cdb); Andrey Nekrasov (br). naturepl.com: Gary Bell / Oceanwide (cda). 89 Alamy Stock Photo: Bazzano Photography (br); blickwinkel / F. Teigler (cdb). naturepl.com: Eduardo Blanco (cda). 91 Alamy Stock Photo: Agefotostock / Georgie Holland (cdb); Andrey Nekrasov (cda). Dreamstime.com: Selahattin Ünsal Karhan / Porbeagle (br). 92 Alamy Stock Photo: imageBROKER / Norbert Probst (bi). 92-93 Alamy Stock Photo: Michael Patrick O'Neill (bc). 93 Alamy Stock Photo: WaterFrame_fur (br). 94 Dreamstime.com: Marc Henauer (br). Getty Images / iStock: E+ / SeppFriedhuber (bi). 95 Getty Images / iStock: Frankhildebrand (br). 97 Dreamstime.com: Michael Valos (br). Getty Images: Sjoerd Bosch (cd). naturepl.com: Todd Pusser (cda). 98 Alamy Stock Photo: Mike Read (bi). 98-99 Alamy Stock Photo: FLPA / Richard Costin (bc). 99 Dreamstime.com: David Herraez (br). 100 Dreamstime.com: Ben Mcleish / Benmm (bi). 101 Dreamstime.com: Oreena (bi). naturepl.com: Jurgen Freund (br). 102 Alamy Stock Photo: Nature Picture Library / Claudio Contreras (br); Scenics & Science (bi). 103 Alamy Stock Photo: Nature Picture Library (br). 104 Alamy Stock Photo: Nature Picture Library (bi). Shutterstock.com: SergeUWPhoto (br). 105 Dreamstime.com: Shakeelmsm (bi). 106 Alamy Stock Photo: Reinhard Dirscherl (bi); Fabrice Bettex Photography (br). 107 Alamy Stock Photo: Helmut Corneli (br); National Geographic Image Collection (bc). 108 Alamy Stock Photo: Nature Picture Library / Solvin Zankl (si). SuperStock: Steve Downeranth / Pantheon (sc). 109 Alamy Stock Photo: Nature Picture Library / Doug Perrine (br). Science Photo Library: Sonke Johnsen / Visuals Unlimited, Inc. (si). 111 Dorling Kindersley: Hunterian Museum University of Glasgow (sd). Getty Images / iStock: borchee (br). 112 naturepl.com: Mike Parry (bc). 113 Alamy Stock Photo: Nature Picture Library / Pete Oxford (br); RGB Ventures / SuperStock / Scubazoo (bi). 115 Alamy Stock Photo: blickwinkel / McPHOTO / RMU (br); Adrian Hepworth (cda); SBS Eclectic Images (cdb). 116 naturepl.com: Piotr Naskrecki (bc); Visuals Unlimited (bi). 117 Dreamstime.com: Isselee (br). 119 Dreamstime.com: Melvinlee (sd). Getty Images / iStock: vojce (cd). naturepl.com: Kevin Schafer (br). 121 Alamy Stock Photo: Premaphotos (sd); Scenics & Science (cda). Getty Images: Moment / Douglas

Klug (br). 124-125 123RF.com: Polsin Junpangpen. 124 123RF.com: Phuong Nguyen Duy (sd). Dreamstime.com: Jaoueichi (br). Getty Images / iStock: danefromspain (ci). 125 Dreamstime.com: Lightfieldstudiosprod (sc). Getty Images / iStock: chuyu (b); MAGNIFIER (ca). 126 Alamy Stock Photo: Les. Ladbury (sd). 127 Alamy Stock Photo: Global Warming Images / Ashley Cooper (cia). Getty Images: The Image Bank / Kim Steele (cda). Getty Images / iStock: Reimphoto (sc). 128 Dreamstime.com: Heritage Pictures (sd); Nd3000 (cd). 129 Dreamstime.com: Suwin Puengsamrong (sc). Shutterstock.com: Kent Raney (cd). 131 123RF.com: Chayatorn Laorattanavech (cda). Dreamstime.com: Nikkytok (cdb); Igor Yegorov (br). 132 Dreamstime.com: Ludmila Smite (bi). 133 Getty Images / iStock: Picsfive (br). 134 Getty Images / iStock: pidjoe (br). 135 Alamy Stock Photo: Picture Partners (bc). 136 Alamy Stock Photo: Geopix (bc); NG Images (br). 137 NASA: JSC PAO Web Team / Amiko Kauderer (bc)

Resto de las imágenes: © Dorling Kindersley
Para más información ver: www.dkimages.com

DK agradece a:
Helen Peters, por compilar el índice, y a Caroline Stamps, por la revisión de los textos.

Sobre el ilustrador
Sam Falconer es un ilustrador especialmente interesado en la ciencia y la naturaleza. Ha ilustrado contenidos para publicaciones como *National Geographic, Scientific American* y *New Scientist*. Este es su segundo libro para niños.